ज़िन्दगी ! ऐ ज़िन्दगी !

ज़िन्दगी! ऐ ज़िन्दगी!

अहमद फ़राज़

सम्पादक

मुशर्रफ़ ज़ौक़ी

वाणी प्रकाशन

प्रकाशन के उत्कृष्टतम 60 वर्ष

पेपरबैक पहला संस्करण : 2008
पेपरबैक दूसरा संस्करण : 2017
पेपरबैक तीसरा संस्करण : 2023

vaniprakashan.com

वाणी प्रकाशन

4695, 21-ए, दरियागंज, नयी दिल्ली-110 002

फ़ोन : +91 11 23273167, 23275710

शाखाएँ

अशोक राजपथ, पटना-800 004, बिहार

कॉफ़ी हाउस कैम्पस, महात्मा गांधी मार्ग, इलाहाबाद-211 001, उत्तर प्रदेश

महात्मा गांधी अन्तरराष्ट्रीय हिन्दी विश्वविद्यालय, वर्धा-442 001, महाराष्ट्र

36/ए, शेक्सपियर सरणी, रानी बिरला गर्ल्स कॉलेज के पास, कोलकाता-700 017, प. बंगाल

sales@vaniprakashan.in
vaniprakashan@gmail.com

Zindagi! E Zindagi!
by Ahmad Faraz
Edited by Musharraf Alam Zauqi

ISBN : 978-93-5229-182-3

मूल्य : ₹ 295

आर. टेक ऑफ़सेट प्रिंटर्स, दिल्ली-110 032 में मुद्रित

वाणी प्रकाशन का लोगो मक़बूल फ़िदा हुसेन की कूची से

अनुक्रम

1.

जिससे ये तबियत बड़ी मुश्किल से लगी थी
देखा तो वो तस्वीर हर एक दिल से लगी थी

तनहाई में रोते हैं कि यूँ दिल को सुकूँ हो
ये चोट किसी साहिबे-महफ़िल से लगी थी

ऐ दिल तेरे आशोब[1] ने फिर हश्र[2] जगाया
बे-दर्द अभी आँख भी मुश्किल से लगी थी

ख़िलक़त[3] का अजब हाल था उस कू-ए-सितम[4] में
साये की तरह दामने-क़ातिल[5] से लगी थी

उतरा भी तो कब दर्द का चढ़ता हुआ दरिया
जब कश्ती-ए-जाँ[6] मौत के साहिल[7] से लगी थी

♦

1. हलचल, उपद्रव 2. प्रलय, मुसीबत 3. जनता 4. अत्याचार की गली 5. हत्यारे के पल्लू 6. जीवन नौका 7. किनारा

2.

तू पास भी हो तो दिले-बेक़रार अपना है
कि हमको तेरा नहीं इन्तज़ार अपना है

मिले कोई भी तेरा ज़िक्र छेड़ देते हैं
कि जैसे सारा जहाँ राज़दार अपना है

वो दूर हो तो बजा तर्के-दोस्ती[1] का ख़याल
वो सामने हो तो कब इख़्तियार[2] अपना है

ज़माने भर के दुखों को लगा लिया दिल से
इस आसरे पे कि एक ग़मगुसार[3] अपना है

बला से जाँ का ज़ियाँ[4] हो, इस एतमाद[5] की ख़ैर
वफ़ा करे न करे फिर भी यार अपना है

फ़राज़ राहते-जाँ भी वही है क्या कीजे
वो जिसके हाथ से सीना फ़िगार[6] अपना है

♦

1. दोस्ती छोड़ना 2. वश 3. दुख सहने वाला 4. नुक़सान 5. विश्वास, भरोसा 6. घायल, आहत

3.

अब वो झोंके कहाँ सबा[1] जैसे
आग है शहर की हवा जैसे

शब सुलगती है दोपहर की तरह
चाँद, सूरज से जल बुझा जैसे

मुद्दतों बाद भी ये आलम है
आज ही तो जुदा हुआ जैसे

इस तरह मंज़िलों से हूँ महरूम[2]
मैं शरीके - सफ़र[3] न था जैसे

अब भी वैसी है दूरी-ए-मंज़िल
साथ चलता हो रास्ता जैसे

इत्तफ़ाक़न भी ज़िन्दगी में फ़राज़
दोस्त मिलते नहीं ज़िया[4] जैसे

♦

1. पुरवाई, समीर, ठण्डी हवा 2. वंचित, 3. सफ़र में शामिल 4. ज़ियाउद्दीन ज़िया

4.

फिर उसी रहगुज़ार पर शायद
हम कभी मिल सकें मगर, शायद

जिनके हम मुन्तज़र[1] रहे उनको
मिल गये और हमसफ़र शायद

जान पहचान से भी क्या होगा
फिर भी ऐ दोस्त, ग़ौर कर शायद

अजनबीयत की धुन्ध छँट जाये
चमक उठे तेरी नज़र शायद

ज़िन्दगी भर लहू रुलायेगी
यादे - याराने - बेख़बर[2] शायद

जो भी बिछड़े, वो कब मिले है फ़राज़
फिर भी तू इन्तज़ार कर शायद

♦

---

1. प्रतीक्षारत 2. भूले-बिसरे दोस्तों की यादें

5.

बेसरो-सामाँ[1] थे लेकिन इतना अन्दाज़ा न था
इससे पहले शहर के लुटने का आवाज़ा[2] न था

ज़र्फ़े-दिल[3] देखा तो आँखें कर्ब[4] से पथरा गयीं
ख़ून रोने की तमन्ना का ये ख़मियाज़ा[5] न था

आ मेरे पहलू में आ, ऐ रौनके - बज़्मे - ख़याल[6]
लज़्ज़ते-रुख़्सारो-लब[7] का अब तक अन्दाज़ा न था

हमने देखा है ख़िज़ाँ[8] में भी तेरी आमद के बाद
कौन सा गुल था कि गुलशन में तरो-ताज़ा न था

हम क़सीदा ख़्वाँ[9] नहीं उस हुस्न के लेकिन फ़राज़
इतना कहते हैं रहीने-सुर्मा-ओ-ग़ाज़ा[10] न था

♦

---

1. ज़िन्दगी के ज़रूरी सामान के बिना 2. धूम 3. दिल की सहनशीलता 4. दुख, बेचैनी 5. परिणाम, करनी का फल 6. कल्पना की सभा की शोभा 7. गालों और होंटों का आनन्द 8. पतझड़ 9. प्रशस्ति-गायक, प्रशंसक 10. सुर्मे और लाली पर निर्भर

6.

बेनयाज़े - ग़मे - पैमाने - वफ़ा[1] हो जाना
तुम भी औरों की तरह मुझ से जुदा हो जाना

मैं भी पलकों पे सजा लूँगा लहू की बूँदें
तुम भी पाबस्ता-ए-ज़ंजीरे-हिना[2] हो जाना

गर्चे अब क़ुर्ब[3] का इम्काँ[4] है बहुत कम फिर भी
कहीं मिल जायें तो तस्वीर-नुमा हो जाना

सिर्फ़ मंज़िल की तलब हो तो कहाँ मुमकिन है
दूसरों के लिए ख़ुद आबला-पा[5] हो जाना

ख़ल्क[6] की संग-ज़नी[7] मेरी ख़ताओं[8] का सिला
तुम तो मासूम हो, तुम दूर ज़रा हो जाना

अब मेरे वास्ते तिरयाक[9] है इल्हाद[10] का ज़हर
तुम किसी और पुजारी के ख़ुदा हो जाना

♦

---

1. मुहब्बत के ग़म से उदासीन 2. मेंहदी की बेड़ी में जकड़ा होना 3. निकटता 4. सम्भावना 5. पाँव जिनमें फफोले पड़े हों 6. जनता 7. पत्थराव 8. अपराधों 9. विषहर 10. नास्तिकता, अनास्था

7.

पयाम[1] आये हैं उस यारे-बेवफ़ा के मुझे
जिसे क़रार न आया कहीं भुला के मुझे

जुदाइयाँ हों तो ऐसी कि उम्र भर न मिलें
फ़रेब दो तो ज़रा सिलसिले बढ़ा के मुझे

नशे से कम तो नहीं यादे-यार का आलम
कि ले उड़ा है कोई दोश[2] पर हवा के मुझे

मैं ख़ुद को भूल चुका था मगर जहाँ वाले
उदास छोड़ गये आईना दिखा के मुझे

तुम्हारे बाम[3] से अब कम नहीं है रिफ़अतदार[4]
जो देखना हो तो देखो नज़र उठा के मुझे

खिंची हुई है मेरे आँसुओं में एक तस्वीर
फ़राज़ देख रहा है वो मुस्कुरा के मुझे

♦

---

1. सन्देश 2. कन्धे 3. अटारी 4. उन्नत, ऊँचाई पर पहुँचा हुआ

8.

जब तेरी याद के जुगनूँ चमके
देर तक आँख में आँसू चमके

सख़्त तारीक[1] है दिल की दुनिया
ऐसे आलम में अगर तू चमके

हमने देखा सरे - बाज़ारे - वफ़ा[2]
कभी मोती कभी आँसू चमके

शर्त है शिद्दते - एहसासे - जमाल[3]
रंग तो रंग है, ख़ुशबू चमके

आँख मजबूरे-तमाशा[4] है फ़राज़
एक सूरत है कि हर सू[5] चमके

♦

---

1. अँधेरी 2. प्रेम के बाज़ार के बीचोबीच 3. सौन्दर्य की अनुभूति की तीव्रता 4. दर्शन के आगे बेबस 5. तरफ़

9.

हर एक बात न क्यों ज़हर सी हमारी लगे
कि हमको दस्ते-ज़माना[1] से ज़ख़्म कारी[2] लगे

उदासियाँ हों मुसलसल[3] तो दिल नहीं रोता
कभी-कभी हो तो ये कैफ़ियत भी प्यारी लगे

बज़ाहिर एक ही शब है फ़िराक़े-यार[4] मगर
कोई गुज़ारने बैठे तो उम्र सारी लगे

इलाज इस दिले-दर्द-आशना[5] का क्या कीजिए
कि तीर बन के जिसे हर्फ़े-ग़मगुसारी[6] लगे

हमारे पास भी बैठो, बस इतना चाहते हैं
हमारे साथ तबियत अगर तुम्हारी लगे

फ़राज़ तेरे जुनूँ[7] का ख़याल है वर्ना
ये क्या ज़रूर, वो सूरत सभी को प्यारी लगे

♦

1. समय के हाथ 2. गम्भीर, भरपूर 3. लगातार, अनवरत 4. प्रिय से विछोह 5. दर्द से दोस्ती करने वाला दिल 6. दुख सहने का दोष 7. पागलपन

10.

ऐसे चुप हैं कि ये मंज़िल भी कड़ी हो जैसे
तेरा मिलना भी जुदाई की घड़ी हो जैसे

अपने ही साये से हर गाम[1] लरज़[2] जाता हूँ
रास्ते में कोई दीवार खड़ी हो जैसे

कितने नादाँ[3] हैं तेरे भूलने वाले कि तुझे
याद करने के लिए उम्र पड़ी हो जैसे

तेरे माथे की शिकन[4] पहले भी देखी थी मगर
ये गिरह अब के मेरे दिल में पड़ी हो जैसे

मंज़िलें दूर भी हैं, मंज़िलें नज़दीक भी हैं
अपने ही पाँव में ज़ंजीर पड़ी हो जैसे

आज दिल खोल के रोये हैं तो यूँ ख़ुश हैं फ़राज़
चन्द लम्हों की ये राहत भी बड़ी हो जैसे

♦

1. पग पर 2. काँप 3. नासमझ 4. सिलवट

11.

रंजिश ही सही, दिल ही दुखाने के लिए आ
आ फिर से मुझे, छोड़ के जाने के लिए आ

कुछ तो मेरे पिन्दारे-मुहब्बत[1] का भरम रख
तू भी तो कभी मुझको मनाने के लिए आ

पहले से मरासिम[2] न सही, फिर भी कभी तो
रस्म-ो-रहे-दुनिया[3] ही निभाने के लिए आ

किस-किस को बतायेंगे जुदाई का सबब हम
तू मुझ से ख़फ़ा है तो ज़माने के लिए आ

इक उम्र से हूँ, लज़्ज़ते-गिरिया[4] से भी महरूम[5]
ऐ राहते-जाँ[6], मुझको रुलाने के लिए आ

अब तक दिले-ख़ुशफ़हम[7] को तुझ से हैं उमीदें[8]
ये आख़िरी शम्मएँ[9] भी बुझाने के लिए आ

♦

1. प्रेम के अभिमान 2. सम्पर्क, सम्बन्ध 3. दुनिया के रास्ते की रस्म 4. रोने के आनन्द 5. वंचित 6. जान की राहत, प्रिय, प्रेयसी 7. अच्छाई की आशा रखने वाला दिल 8. उम्मीदें, आशाएँ 9. दीप

12.

क़ुरबतों[1] में भी जुदाई के ज़माने माँगे
दिल वो बे-मेहर[2] कि रोने के बहाने माँगे

हम न होते तो किसी और के चरचे होते
ख़िल्क़ते शहर तो कहने को फ़साने माँगे

यही दिल था कि तरसता था मरासिम[3] के लिए
अब यही तर्के-तअल्लुक़[4] के बहाने माँगे

अपना ये हाल कि जी हार चुके लुट भी चुके
और मुहब्बत वही अन्दाज़ पुराने माँगे

ज़िन्दगी हम तेरे दाग़ों से रहे शर्मिन्दा
और तू है कि सदा आईना-ख़ाने[5] माँगे

दिल किसी हाल पे क़ानेअ[6] ही नहीं जाने फ़राज़
मिल गये तुम भी तो क्या और न जाने माँगे

♦

---

1. निकटता 2. निर्दय 3. सम्बन्ध 4. सम्बन्धविच्छेद 5. शीशों वाला घर 6. सन्तोष

13.

न हरीफ़े-जाँ[1], न शरीके-ग़म[2], शबे-इन्तज़ार कोई तो हो
किसे बज़्मे-शौक़[3] में लायें हम, दिले-बेक़रार कोई तो हो

किसे ज़िन्दगी है अज़ीज़ अब, किसे आरज़ू-ए-शबे-तरब[4]
मगर ऐ निगारे-वफ़ा-तलब[5] तेरा एतबार कोई तो हो

कहीं तारे-दामन-ो-गुल मिले, तो ये मान लें कि चमन खिले
कि निशान फ़स्ले-बहार का, सरे-शाख़सार[7] कोई तो हो

ये उदास-उदास से बाम-ो-दर[8], ये उजाड़-उजाड़ सी रहगुज़र
चलो हम नहीं, न सही मगर, सरे कू-ए-यार[9] कोई तो हो

ये सुकूने-जाँ[10] की घड़ी ढले तो चिराग़े-दिल ही न बुझ चले
वो बला से हो ग़मे-इश्क़ या ग़मे-रोज़गार कोई तो हो

सर-मक़तले-शबे-आरज़ू[11], रहे कुछ तो इश्क़ की आबरू
जो नहीं अदू[12] तो फ़राज़ तू कि नसीबे-दार[13] कोई तो हो

♦

1. जान का दुश्मन 2. दुख का साथी 3. दिलचस्प महफ़िल 4. रंगीन शाम की इच्छा 5. निष्ठा की प्रतिमूर्ति 6. दामन का धागा और फूल 7. उपवन में 8. अटारी और दरवाज़ा 9. यार की गली 10. मन की शान्ति 11. इच्छा की रात के वधस्थल में 12. दुश्मन 13. जिसके भाग्य में फाँसी का तख़्ता हो

14.

दिल तो वो बर्गे-ख़िज़ाँ[1] है कि हवा ले जाये
ग़म वो आँधी है कि सहरा भी उड़ा ले जाये

कौन लाया तेरी महफ़िल में हमें होश नहीं
कोई आये तेरी महफ़िल से उठा ले जाये

और से और हुए जाते हैं मेयारे-वफ़ा[2]
अब मता-ए-दिलो-जाँ[3] भी कोई क्या ले जाये

जाने कब उभरे तेरी याद का डूबा हुआ चाँद
ज़ाने कब ध्यान कोई हम को उड़ा ले जाये

यही आवारगी-ए-दिल है तो मंज़िल मालूम
जो भी आये तेरी बातों में लगा ले जाये

दश्ते-ग़ुरबत[4] में तुम्हें कौन पुकारेगा फ़राज़
चल पड़ो ख़ुद ही जिधर दिल की सदा ले जाये

♦

1. पतझड़ के पत्ते 2. निष्ठा का मापदंड, आदर्श 3. दिल और जान की दौलत 4. बेवतनी का बियाबान

15.

ख़ामोश हो क्यों दादे-जफ़ा[1] क्यों नहीं देते
बिस्मिल हो तो क़ातिल को दुआ क्यों नहीं देते

वहशत[2] का सबब रौज़ने-ज़िन्दाँ[3] तो नहीं है
मेहरो-महो-अंजुम[4] को बुझा क्यों नहीं देते

एक ये भी तो अन्दाज़े-इलाजे-ग़मे-जाँ[5] है
ऐ चारागरो, दर्द बढ़ा क्यों नहीं देते

मुंसिफ़ हो अगर तुम तो कब इंसाफ़ करोगे
मुजरिम हैं अगर हम तो सज़ा क्यों नहीं देते ?

रहज़न हो तो हाज़िर है मता-ए-दिलो-जाँ[6] भी
रहबर हो तो मंज़िल का पता क्यों नहीं देते

क्या बीत गयी अबके फ़राज़ अहले-चमन[7] पर ?
याराने-क़फ़स[8] मुझको सदा क्यों नहीं देते

♦

---

1. अन्याय की प्रशंसा 2. सन्त्रास, पागलपन 3. कैदख़ाने का झरोखा 4. सूरज, चाँद, सितारे 5. ज़िन्दगी के दुख के उपचार का तरीका 6. दिल और जान की दौलत 7. बाग़ के निवासी, माली 8. पिंजरे के साथी

16.

दिल बहलता है कहाँ अंजुमो-महताब[1] से भी
अब तो हम लोग गये दीदा-ए-बेख़्वाब[2] से भी

रो पड़ा हूँ तो कोई बात ही ऐसी होगी
मैं कि वाक़िफ़ था तेरे हिज्र[3] के आदाब से भी

कुछ तो उस आँख का शेवा[4] है, ख़फ़ा हो जाना
और कुछ भूल हुई है दिले-बेताब से भी

ऐ समन्दर की हवा तेरा करम भी मालूम
प्यास साहिल[5] की तो बुझती नहीं सैलाब से भी

कुछ तो उस हुस्न को जाने है ज़माना सारा
और कुछ बात चली है मेरे अहबाब[6] से भी

दिल कभी ग़म के समन्दर का शनावर[7] था फ़राज़
अब तो ख़ौफ़ आता है, एक मौज-ए-पायाब[8] से भी

♦

---

1. चाँद-सितारे 2. उनींदी आँखें 3. विछोह 4. आदत, प्रवृत्ति 5. किनारा 6. दोस्तों 7. तैराक 8. वह लहर जो किनारे तक पहुँचे

17.

वफ़ा के बाब में इल्ज़ामे-आशिक़ी[1] न लिया
कि तेरी बात की और तेरा नाम भी न लिया

ख़ूशा[2], वो लोग कि महरूमे-अल्तफ़ात[3] रहे
तेरे करम को ब-अन्दाज़े-सादगी[4] न लिया

तुम्हारे बाद कई हाथ दिल की सिम्त[5] बढ़े
हज़ार शुक्र, गिरेबाँ को हम ने सी न लिया

तमाम मस्ती-ओ-तिश्ना-लबी[6] के हंगामे
किसी ने संग[7] उठाया, किसी ने मै[8] न लिया

फ़राज़ ज़ुल्म है इतनी ख़ुदएतमादी[9] भी
कि रात भी थी, अँधेरी, चिराग़ भी न लिया

♦

1. प्रेम का आरोप 2. बहुत ख़ूब 3. मेहरबानी से वंचित 4. सादगी के साथ 5. दिशा, ओर 6. आनन्द और प्यास 7. पत्थर 8. शराब 9. आत्म-विश्वास

18.

ज़ख़्म को फूल तो सरसर[1] को सबा[2] कहते हैं
जाने क्या दौर है, क्या लोग हैं, क्या कहते हैं

क्या क़यामत है कि जिनके लिए रुक-रुक के चले
अब वही लोग हमें आबला-पा[3] कहते हैं

कोई बतलाओ कि एक उम्र का बिछड़ा महबूब
इत्तफ़ाक़न कहीं मिल जाये तो क्या कहते हैं

ये भी अन्दाज़े-सुख़न[4] है कि जफ़ा[5] को तेरी
ग़मज़ा-ओ-अशवा-ओ-अन्दाज़-ो-अदा[6] कहते हैं

जब तलक दूर है तो तेरी परस्तिश[7] कर लें
हम जिसे छू न सकें, उसको ख़ुदा कहते हैं

क्या ताज्जुब है कि हम अहले-तमन्ना[8] को फ़राज़
वो जो महरूमे-तमन्ना[9] हैं, बुरा कहते हैं

♦

1. रेगिस्तान की गर्म हवा 2. समीर 3. पाँव जिनमें छाले पड़े हों 4. कहने का अन्दाज़ 5. बेवफ़ाई 6. हाव-भाव, भंगिमा, ढंग, ढब 7. पूजा 8. इच्छुक लोग 9. इच्छा से रहित

19.

तेरा ग़म अपनी जगह दुनिया के ग़म अपनी जगह
फिर भी अपने अहद पर क़ायम हैं हम अपनी जगह

क्या करें ये दिल किसी की नासेहा[1], सुनता नहीं
आपने जो कुछ कहा ऐ मोहतरम, अपनी जगह

हम मोअहइद[2] हैं बुतों के पूजने वाले नहीं
पर ख़ुदा लगती कहें तो वो सनम अपनी जगह

यारे-बेपरवाह ! कभी हमने कोई शिकवा किया
हाँ मगर उन नासिपास[3] आँखों का नम अपनी जगह

महफ़िले-जानाँ[4] हो, मक़तल[5] हो कि मैख़ाना फ़राज़
जिस जगह जायें बना लेते हैं हम अपनी जगह

मर मिटा तो वो समझा ये इन्तिहा थी मेरी
उसे ख़बर ही न थी, ख़ाक कीमिया[6] थी मेरी

मैं चुप हुआ तो वो समझा कि बात ख़त्म हुई
फिर उसके बाद तो आवाज़ जा-बजा[7] थी मेरी

---

1. नसीहत 2. एकीश्वरवादी 3. अकृतज्ञ, नाशुक्र 4. प्रियतम की सभा 5. वधस्थल 6. रसायन 7. जगह-जगह

जो ताना-ज़न[1] था, मेरी पोशिशे-दुदीदा[2] पर
उसी के दोश[3] पे रखी हुई क़बा[4] थी मेरी

मैं उस को याद करूँ भी तो याद आता नहीं
मैं उस को भूल गया हूँ, यही सज़ा थी मेरी

शिकस्त दे गया अपना ही जब ग़ुरूर उसको
वगर्ना उसके मुक़ाबिल बिसात क्या थी मेरी

कहीं दिमाग़, कहीं दिल, कहीं बदन ही बदन
हर एक से दोस्ती-यारी जुदा-जुदा थी मेरी

मैं उसको देखता रहता था हैरतों से फ़राज़
ये ज़िन्दगी से तआरुफ़[5] की इब्तदा[6] थी मेरी

♦

---

1. ताना देने वाला 2. पहरावे की कमी 3. कन्धा 4. लबादा 5. परिचय 8. आरम्भ

20.

वो जो आ जाते थे आँखों में सितारे लेकर
जाने किस देस गये ख़्वाब हमारे लेकर

छाँव में बैठने वाले ही तो सब से पहले
पेड़ गिरता है तो आ जाते हैं आरे लेकर

वो जो आसूदा-ए-साहिल[1] हैं, उन्हें क्या मालूम
अब के मौज आयी तो पलटेगी किनारे लेकर

ऐसा लगता है कि हर मौसमे-हिजराँ[2] में बहार
होंट रख देती है शाख़ों पे तुम्हारे ले कर

शहर वालों को कहाँ याद है वो ख़्वाबफ़रोश
फिरता रहता था जो गलियों में ग़ुबारे लेकर

नक़दे-जाँ[3] सर्फ़[4] हुआ कुल्फ़ते-हस्ती[5] में फ़राज़
अब जो ज़िन्दा हैं, तो कुछ साँस उधारे लेकर

♦

1. किनारे से तृप्त 2. जुदाई का मौसम 3. ज़िन्दगी की कीमत 4. ख़र्च 5. ज़िन्दगी की तकलीफ़

21.

किसी से दिल की हिकायत[1] कभी कहा, नहीं की
वगर्ना ज़िन्दगी हमने भी क्या से क्या नहीं की

हर एक से कौन मुहब्बत निबाह सकता है
सो हमने दोस्ती-यारी तो की, वफ़ा नहीं की

शिकस्तगी में भी पिन्दारे-दिल[2] सलामत है
कि उसके दर पे तो पहुँचे मगर सदा[3] नहीं की

शिकायत उसकी नहीं है कि उसने ज़ुल्म किया
गिला तो ये है कि ज़ालिम ने इन्तिहा नहीं की

वो नादेहन्द[4] अगर था तो फिर तक़ाज़ा[5] क्या
कि दिल तो ले गया क़ीमत मगर अदा नहीं की

अजीब आग है चाहत की आग भी कि फ़राज़
कहीं जला नहीं की और कहीं बुझा नहीं की

♦

1. कहानी 2. दिल का गर्व 3. पुकार 4. न देनें वाला, कर्ज़ ले कर मुकरने वाला 5. माँगना

22.

मुस्तक़िल महरूमियों पर भी तो दिल माना नहीं
लाख समझाया कि उस महफ़िल में अब जाना नहीं

ख़ुद-फ़रेबी ही सही क्या कीजिए दिल का इलाज
तू नज़र फेरे तो हम समझें कि पहचाना नहीं

एक दुनिया मुन्तज़िर[1] है और तेरी बज़्म[2] में
इस तरह बैठे हैं हम जैसे कहीं जाना नहीं

जी में जो आती है कर गुज़रो कहीं ऐसा न हो
कल पशेमाँ[3] हूँ कि क्यों दिल का कहा माना नहीं

ज़िन्दगी पर इस से बढ़ कर तंज़[4] क्या होगा फ़राज़
उसका ये कहना कि तू शायर है दीवाना नहीं

♦

1. प्रतीक्षारत 2. महफ़िल 3. शर्मिन्दा 4. व्यंग

23.

चली है शहर में कैसी हवा उदासी की
सभी ने ओढ़ रखी है रिदा[1] उदासी की

लिबासे-ग़म[2] में तो वो और बन गया क़ातिल
सजी है कैसी, किसी पर क़बा[3] उदासी की

ग़ज़ल कहूँ तो ख़यालों की धुन्ध में मुझसे
करे कलाम कोई अप्सरा उदासी की

ख़याले-यार का बादल अगर खुला भी कभी
तो धूप फैल गयी जा-बजा उदासी की

बहुत दिनों से तेरी याद क्यों नहीं आयी
वो मेरी दोस्त मेरी हमनवा[4] उदासी की

फ़राज़ ने तुझे देखा तो किस क़द्र ख़ुश था
फिर उसके बाद चली वो हवा उदासी की

♦

---

1. चादर 2. दुख का पहरावा 3. लबादा 4. स्वर में स्वर मिलाने वाला

24.

कल हम ने बज़्मे-यार[1] में क्या-क्या शराब पी
सहरा[2] की तिश्नगी[3] थी सो दरिया शराब पी

अपनों ने तज दिया है तो ग़ैरों में जा के बैठ
ऐ ख़ानमाँ ख़राब[4] ! न तन्हा शराब पी

तू हमसफ़र नहीं है तो क्या सैरे-गुलसिताँ[5]
तू हमसबू[6] नहीं है तो फिर क्या शराब पी

ऐ दिल गिरफ़्ता-ए-ग़म-ए-जानाँ[7] सबू[8] उठा ऐ
कुश्ता-ए-जफ़ा-ए-ज़माना[9] शराब पी

दो सूरतें हैं यारो दर्दे-फ़िराक़[10] की
या उसके ग़म में टूट के रोया, शराब पी

एक मेहरबाँ बुज़ुर्ग ने ये मशवरा दिया
दुख का कोई इलाज नहीं, जा शराब पी

♦

1. प्रियतम की महफ़िल 2. रेगिस्तान 3. प्यास 4. बेघर 5. बाग़ की सैर 6. साथ पीने वाला 7. प्रेयसी के ग़म में फँसा हुआ 8. सुराही 9. ज़माने के अत्याचार का मारा हुआ 10. जुदाई का दर्द

25.

बादल गरज रहा था उधर मुहतसिब[1] इधर
फिर जब तलक ये अकदा[2] न सुलझा शराब पी

ऐ तू कि तेरे दर पे हैं रिन्दों[3] के जमघटे
इक रोज़ इस फ़क़ीर के घर आ, शराब पी

दो जाम उनके नाम भी ऐ पीरे-मैकदा
जिन रफ़्तगाँ[4] के साथ हमेशा शराब पी

कल हम से अपना यार ख़फ़ा हो गया फ़राज़
शायद कि हमने हद से ज़ियादा शराब पी

♦

1. शराब पीने से रोकने वाला 2. गाँठ, झगड़ा 3. शराबी 4. गुज़रे हुए लोग, मृत साथी

26.

अँधेरा है तो तोहमत[1] शाम पर नहीं
वो मेरा आतशीं[2] रुख़ बाम[3] पर नहीं

बहुत से हमनवायाने-चमन[4] ने
नज़र दाने पे रखी, दाम पर नहीं

हमेशा से वफ़ा कारे-ज़ियाँ[5] है
मगर अपनी नज़र अंजाम पर नहीं

कभी ऐसी न थी, लैला-ए-फ़ुरक़त[6]
कोई तारा क़बा-ए-शाम[7] पर नहीं

हमारी तिश्नगी[8] का हाल देखो
नज़र साक़ी[9] पे है, लब जाम पर नहीं

मुहब्बत ज़िन्दगी भर का सफ़र है
कोई मंज़िल यहाँ दो गाम पर नहीं

ये दिल मायल[10] है एक सादा अदा पर
किसी महवश[11], किसी गुलफ़ाम[12] पर नहीं

---

1. आरोप, दोष 2. आग जैसा लाल, जगमगाता 3. अटारी 4. बाग़ के समर्थक 5. नुकसानदेह, हानिकर, 6. वियोग की रात, 7. शाम का लबादा 8. प्यास 9. पिलाने वाला 10. आकर्षित 11. चन्द्रमुखी 12. फूल सरीखे बदन वाला

ख़ुदा वो दिन न दिखलाये कि देखें
ये बस्ती अब हमारे नाम पर नहीं

दुकाने-मयफ़रोशाँ[1] में मुक़द्दम[2]
शिकस्ते-दिल[3], शिकस्ते-जाम[4] पर नहीं

♦

1. शराब की दुकान 2. मुखिया 3. दिल की हार, टूट-फूट 4. प्याले का टूटना

27.

जब सब के दिलों में घर करे तू
फिर क्यों हमें दर-बदर करे तू

ये हाल है शाम से तो ऐ दिल
मुश्किल है कि अब सहर करे तू

आँखों में निशान तक न छोड़े
ख़्वाबों की तरह सफ़र करे तू

इतना भी गुरेज़[1] अहले-दिल[2] से
कोई न करे मगर करे तू

ख़ुशबू हो कि नग़मा[3] हो कि तारा
हर एक को नामाबर[4] करे तू

जब तू नहीं उसका आशना[5] तक
क्यों ज़ुल्म फ़राज़ पर करे तू

♦

1. उपेक्षा, बचाव 2. दिल में बसनेवाला, दिलदार 3. गीत 4. सन्देशवाहक 5. प्रेमी

28.

शहर में अब कोई दीवाना रहा हो कि न हो
मर्गे-अम्बोह[1] तो है जश्न बपा[2] हो कि न हो

शोरे-मस्ताँ[3] तो बहुत है मगर इस फ़सल में भी
हाथ उठें या न उठें चाक[4] क़बा[5] हो कि न हो

यादे-याराँ बहुत आती है मगर सोचते हैं
अब वतन में कोई अपना सा रहा हो कि न हो

दिल को सूझा तो है मज़मूँ तेरी ख़ुश-क़ामती[6] का
हमसे कोताह[7] बयानों से अदा हो कि न हो

शुक्र कर ऐ दिले-एहसान-फ़रामोश[8] कि तू
दरख़ुरे-रंजिशे-बेजा[9] भी रहा हो कि न हो

आख़िरी तीर शिकारी का मेरी घात में है
फिर मेरे बाद कोई नग़मा-सरा[10] हो कि न हो

♦

1. मौत का समूह, कहावत है कि 'मर्गे-अम्बोह जश्ने-दारद' - मौत का जब ढेर लग जाये तो जश्न होने लगता है 2. उपस्थित 3. मस्तानों का शोर 4. फटा हुआ 5. लबादा 6. सुन्दर देह 7. संक्षिप्त 8. कृतघ्न दिल 9. अनुचित क्रोध के योग्य 10. गीतकार

29.

आशना[1] कोई सरे-शहर सितमगर[2] न मिला
अब के आये तो किसी हाथ में पत्थर न मिला

सारे दुश्मन मेरी गलियों की कमींगाह[3] में थे
कोई लश्कर भी मुझे शहर के बाहर न मिला

हम भी पत्थर थे मगर कैसा मुक़द्दर[4] लाये
सब ख़ुदासाज़[5] मिले कोई सनम[6] गर न मिला

नज़म[7] मैख़ाना कुछ ऐसा ही रहा है कि हमें
कभी साक़ी कभी मीना[8] कभी साग़र[9] न मिला

हमीं महरूम थे ऐसे कि फ़क़त तू ही नहीं
हम जिसे ढूँढने निकले, वही अकसर न मिला

देख पिन्दार[10] उन आशुफ़्ता सरों[11] का कि जिन्हें
बख़्ते-मंसूर[12] मिला, तख़्ते-सिकन्दर[13] न मिला

अब जो तजदीदे-रफ़ाक़त[14] है तो फिर टूट के मिल
दिल है आईना, तो फिर हाथ झिझक कर न मिला

लाख बे-मेहर[15] सही दोस्त तो रखते हो फ़राज़
उनको देखो कि जिन्हें कोई सितमगर न मिला

♦

---

1. प्रेमी 2. ज़ुल्म करने वाला 3. हमले के लिए घात लगाने का स्थान 4. भाग्य 5. ख़ुदा का बनाया हुआ 6. बुत 7. व्यवस्था 8. प्याला 9. सुराही 10. अभिमान, 11. सिरफिरे 12. मंसूर का भाग्य, मंसूर एक सन्त थे जिनकी गर्दन काट दी गयी थी क्योंकि उन्होंने अनलहक (मैं ही ख़ुदा हूँ) कहा था 13. सिकन्दर का सिंहासन 14. दोस्ती का नवीकरण 15. निर्दय

30.

ये जान कर भी कि दोनों के रास्ते थे अलग
अजीब हाल था जब उस से हो रहे थे अलग

ये हरफ़ो-लफ्ज़[1] हैं दुनिया से गुफ़्तगू[2] के लिए
किसी से हम-सुख़नी[3] के मुकालमे[4] थे अलग

ख़याल उनका भी आया कभी तुम्हें जानाँ[5]
जो तुम से दूर बहुत दूर जी रहे थे अलग

हमीं नहीं है, हमारी तरह के और भी लोग
अज़ाब[6] में थे जो औरों से सोचते थे अलग

अकेलेपन की अज़ीयत[7] का अब गिला कैसा
फ़राज़ ख़ुद ही तो अपनों से हो गये थे अलग

♦

1. अक्षर और शब्द 2. बातचीत 3. आपसी बातचीत 4. सम्वाद 5. प्रेयसी 6. पापों का दण्ड, यातना
7. तकलीफ़, कष्ट

31.

वही इश्क़ जो था कभी जुनूँ उसे रोज़गार बना दिया
कहीं ज़ख़्म बेच के आ गये, कहीं शेर कोई सुना दिया

वही हम कि जिन को अज़ीज़ थी दरे-आबरू[1] की चमक-दमक
यही हम कि रोज़े-स्याह[2] में ज़रे-दाग़े-दिल[3] भी जुटा दिया

कभी यूँ भी था कि हज़ार तीर जिगर में थे, तो दुखी न थे
मगर अब ये है किसी मेहरबाँ के तपाक[4] ने भी रुला दिया

कभी ख़ुद को टूटते-फूटते भी, जो देखते तो हज़ीं[5] न थे
मगर आज ख़ुद पे नज़र पड़ी तो शिकस्ते-जाँ[6] ने हिला दिया

कोई नामा[7] दिलबरे-शहर[8] का कि ग़ज़ल-गरी[9] का बहाना हो
वही हर्फ़े-दिल[10] जिसे मुद्दतों से हम अहले दिल[11] ने भुला दिया

♦

1. अनिष्ठा के द्वार 2. बुरा या अशुभ दिन 3. दिल के दाग़ की दौलत 4. गर्मजोशी 5. दुखी, पीड़ित 6. अस्तित्व की पराजय 7. ख़त, सन्देश 8. शहर भर की प्रेमिका 9. ग़ज़ल कहना 10. दिल की बात 11. दिल के निवासी

32.

मैं तो मक़तल[1] में भी क़िस्मत का सिकन्दर निकला
क़ुर्अ-ए-फ़ाल[2] मेरे नाम का अक्सर निकला

था जिन्हें ज़ोम[3] वो दरिया भी मुझी में डूबे
मैं कि सहरा[4] नज़र आता था समन्दर निकला

मैंने उस जाने-बहाराँ[5] को बहुत याद किया
जब कोई फूल मेरी शाख़े-हुनर[6] पर निकला

शहर वालों की मुहब्बत का मैं क़ायल हूँ मगर
मैंने जिस हाथ को चूमा वही ख़ंजर निकला

तू यहीं हार गया है मेरे बुज़दिल दुश्मन
मुझसे तन्हा के मुक़ाबिल तेरा लश्कर निकला

मैं कि सहरा-ए-मुहब्बत[7] का मुसाफ़िर था फ़राज़
एक झोंका था कि ख़ुशबू के सफ़र पर निकला

♦

---

1. वधस्थल 2. शकुन का पाँसा, नाम की पर्ची 3. अहंकार 4. रेगिस्तान 5. वसन्त की जान, प्रेमिका 6. कला की डाली 7. प्रेम के रेगिस्तान

33.

तुझ से मिल कर तो ये लगता है कि ऐ अजनबी दोस्त
तू मेरी पहली मुहब्बत थी मेरी आख़िरी दोस्त

लोग हर बात का अफ़साना बना देते हैं
ये तो दुनिया है मेरी जाँ कई दुश्मन कई दोस्त

तेरे कामत[1] से भी लिपटी है अमर-बेल कोई
मेरी चाहत को भी दुनिया की नज़र खा गयी दोस्त

याद आयी है तो फिर टूट के याद आयी है
कोई गुज़री हुई मंज़िल कोई भूली हुई दोस्त

अब भी आये हो तो एहसान तुम्हारा लेकिन
वो क़यामत जो गुज़रनी थी गुज़र भी गयी दोस्त

तेरे लहजे की थकन में तेरा दिल शामिल है
ऐसा लगता है जुदाई की घड़ी आ गयी दोस्त

बारिशे-संग[2] का मौसम है मेरे शहर में तू
तू ये शीशे सा बदन ले के कहाँ आ गयी दोस्त

मैं उसे अहद-शिकन[3] कैसे समझ लूँ जिसने
आख़िरी ख़त में ये लिखा था, फ़क़त 'आपकी दोस्त'

♦

1. देह-यष्टि 2. पत्थरों की बारिश 3. प्रतिज्ञा तोड़ने वाला

34.

हुए जाते हैं क्यों ग़मख़्वार[1] क़ातिल
न थे इतने भी दिल आज़ार क़ातिल

मसीहाओं को जब आवाज़ दी है
पलट कर आ गये हर बार क़ातिल

हमेशा से हलाक एक दूसरे के
मेरा सर और तेरी तलवार क़ातिल

तेरी आँखों को जानाँ क्या हुआ है
कभी देखे न थे बीमार क़ातिल

वहाँ क्या दादख़्वाही[2] क्या गवाही
जहाँ हों मुन्सिफ़ों[3] के यार क़ातिल

फ़राज़ इस दुश्मने-जाँ से गिला क्या
हमेशा से रहे दिलदार क़ातिल

♦

1. हमदर्द, सहानुभूति रखने वाला 2. फ़रियाद 3. न्यायाधीशों

35.

हिज्रे-जानाँ[1] की घड़ी अच्छी लगी
अब के तन्हाई बड़ी अच्छी लगी

क़र्या-ए-जाँ[2] पर उदासी की तरह
धुन्ध की चादर पड़ी अच्छी लगी

एक तन्हा फ़ाख़्ता उड़ती हुई
एक हिरन की चौकड़ी अच्छी लगी

ज़िन्दगी की घुप अँधेरी रात में
याद की एक फुलझड़ी अच्छी लगी

शहरे-दिल और इतने लोगों का हुजूम
वो अलग सब से खड़ी अच्छी लगी

एक शहज़ादी मगर दिल की फ़क़ीर
उसको मेरी झोंपड़ी अच्छी लगी

♦

1. प्रिय के विछोह 2. क़र्या - गाँव

36.

दिल में आ बैठी ग़ज़ल सी वो ग़ज़ाल[1]
ये तसव्वर की घड़ी अच्छी लगी

तेरा दुख, अपनी वफ़ा, कारे-जहाँ[2]
जो भी शै[3] मँहगी पड़ी अच्छी लगी

आँख भी बरसी बहुत बादल के साथ
अब के सावन की झड़ी अच्छी लगी

ये ग़ज़ल मुझको पसन्द आयी फ़राज़
ये ग़ज़ल उसको बड़ी अच्छी लगी

◆

---

1. हिरनी 2. दुनिया का काम-काज 3. चीज़

37.

फ़क़त हुनर ही नहीं ऐब भी कमाल के रख
सो दूसरों के लिए तजरबे मिसाल के रख

नहीं है ताब तो फिर आशिक़ी की राह न चल
ये कारज़ारे-जुनूँ[1] है जिगर निकाल के रख

सभी के हाथ दिलों पर निगाह तुझ पर है
क़दह बदस्त[2] है साक़ी क़दम सँभाल के रख

फ़रेब से न मुझे सैद[3] कर वक़ार[4] से कर
सो इस क़दर भी न दाना क़रीब जाल के रख

फ़राज भूल भी जा सानहे[5] मुहब्बत के
हथेलियों पे न इन आबलों[6] को पाल के रख

♦

1. पागलपन का युद्ध, पागलों का युद्ध 2. हाथ में प्याला 3. शिकार 4. इज़्ज़त, मान-मर्यादा 5. विपदाएँ 6. फफोलों

38.

दोस्तो यों भी न रखो ख़ुमो-पैमाना[1] खुले
चन्द ही रोज़ हुए हैं अभी मैख़ाना खुले

एक ज़रा रंग पे आये तो सही जोशे-बहार
एक ज़रा ढंग का मौसम हो तो दीवाना खुले

रोये दिलबर की तरह अब्र[2] से झलके महताब
काकुले-शब[3] की तरह गेसू-ए-जानानाँ[4] खुले

जिसके हिजराँ[5] में किताबों पे किताबें लिख दें
उस पे गर हाल हमारा नहीं खुलता न खुले

मेहरबाँ ऐसी है तन्हाई कि पल भर के लिए
चश्मबस्ता[6] हो तो यादों का परीख़ाना[7] खुले

हम तो सचमुच के ही किरदार समझ बैठे थे
लोग आख़िर को कहें सूरते-अफ़साना[8] खुले

जाने ये प्यार सिखाते हैं कि इनकार फ़राज़
हम पे बुतख़ाना-ओ-काबा-ओ-कलीसा[9] न खुले

♦

1. प्याला-सुराही 2. बादल 3. रात के केश 4. प्रियतम की अलकें 5. वियोग 6. आँख मुँदे 7. परियों का घर 8. कहानी की शक्ल 9. मन्दिर, काबा, गिरजा

39.

होंट हीरों से न चेहरा है सितारे की मिसाल
फिर भी लावे तो कोई दोस्त हमारे की मिसाल

मुझ से क्या डूबने वालों का पता पूछते हो
मैं समन्दर का हवाला न किनारे की मिसाल

ज़िन्दगी ओढ़ के बैठी थी रदा-ए-शबे-ग़म[1]
तेरा ग़म टाँग दिया हमने सितारे की मिसाल

आशिक़ी को भी हवस-पेशा तिजारत जानें
वस्ल[2] है नफ़'ा[3] तो हिजराँ[4] है ख़सारे[5] की मिसाल

हम कभी टूट के रोये न कभी खुल के हँसे
रात शबनम की तरह सुबह सितारे की मिसाल

नासिपासी[6] की भी हद है जो ये कहते हो फ़राज़
ज़िन्दगी हमने गुज़ारी है गुज़ारे की मिसाल

♦

1. दुख की रात की चादर 2. मिलाप 3. लाभ 4. वियोग 5. हानि 6. कृतघ्नता

40.

नये सफ़र में अभी एक नुक्स[1] बाक़ी है
जो शख़्स साथ नहीं उसका अक्स[2] बाक़ी है

उठा के ले गये दुज़दाने-शब[3] चिराग़ तलक
सू[4] कोर-चश्म[5] पतंगों का रक़्स[6] बाक़ी है

घटा उठी है मगर टूट कर नहीं बरसी
हवा चली है मगर फिर भी हब्स[7] बाक़ी है

उलट-पलट गयी दुनिया वो ज़लज़ले[8] आये
मगर ख़राबा-ए-दिल[9] में वो शख़्स बाक़ी है

फ़राज़ आये हो तुम अब रफ़ीक़े-शब[10] को लिये
कि दौरे-जाम न हंगामे-रक़्स[11] बाक़ी है

फ़िराक़ो-वस्ल[12] क्या हैं आशिक़ी के तजरबे हैं
मगर इससे ज़्यादा ज़िन्दगी के तजरबे हैं

वफ़ा कारे-ज़ियाँ[13] बरबादी-ए-जाँ[14] मर्ग-सामाँ[15]
हमारे ही नहीं शायद सभी के तजरबे हैं

कोई बुतगर[16] सरे-कुहसार[17] बैठा तेशाज़न[18] है
ये हम क्या हैं, ये तुम क्या हो, उसी के तजरबे हैं

◆

---

1. त्रुटि 2. बिम्ब, छवि 3. रात के चोर 4. ख़राब 5. अन्धा 6. नृत्य, नाच 7. उमस 8. भूचाल 9. दिल की उजड़ी बस्ती 10. रात के प्रेमी 11. नाच का कोलाहल 12. वियोग और मिलन 13. घाटे का व्यापार 14. जान की बरबादी 15. मौत का सामान 16. मूर्ति बनाने वाला 17. पर्वतों के सिलसिले के ऊपर 18. कुदाल से ज़मीन खोदने वाला

41.

तेरी हीरों सी आँखें और तेरे याक़ूत[1] से लब
किसी इन्साँ के चेहरे पर किसी के तजरबे हैं

वही हैं शेर जानाँ जो तेरी चाहत में लिखे
कि बाक़ी जो भी हैं सब शायरी के तजरबे हैं

फ़राज़ उसको कोई क़ातिल कहे, कोई मसीहा
जुदा एक दूसरे से, हर किसी के तजरबे हैं

♦

1. एक कीमती रतन

42.

साक़िया एक नज़र जाम से पहले-पहले
हमको जाना है कहीं शाम से पहले-पहले

नौ-गिरफ़्तारे-वफ़ा[1] सई[2] रिहाई है अबस[3]
हम भी उलझे थे बहुत दाम[4] से पहले-पहले

ख़ुश हो ऐ दिल कि मुहब्बत तो निभा दी तूने
लोग उजड़ जाते हैं अंजाम से पहले-पहले

अब तेरे ज़िक्र पे हम बात बदल देते हैं
कितनी रग़बत[5] थी तेरे नाम से पहले-पहले

सामने उम्र पड़ी है शबे-तन्हाई[6] की
वो मुझे छोड़ गया शाम से पहले-पहले

कितना अच्छा था कि हम भी जिया करते थे फ़राज़
ग़ैरमारू[7]फ़-से, गुमनाम-से, पहले-पहले

♦

1. नये-नये प्रेम के बन्धन में बँधने वाले 2. कोशिश 3. व्यर्थ 4. जाल 5. चाह, दिलचस्पी 6. अकेलेपन की रात 7. अज्ञात, अजाने

43.

न ये शाइस्ता-ए-वस्ले-सनम[1] हैं
न वो सरगश्ता-ए-रस्मे-ख़ुदाई[2]

हुई है आम अब सेहरा-फ़रोशी[3]
बहुत है इन दिनों दरियानुमाई[4]

यहाँ अन्धे हैं आईनों के गाहक
यहाँ गूँगों को ज़ोमे-ख़ुशनवाई[5]

वफ़ा कैसी कहाँ की दोस्तदारी
जहाँ अहबाब[6] हों यूसुफ़ के भाई[7]

मुहब्बत का सिला[8] क्या है मगर हाँ
मलामत[9], तान[10], तोहमत[11], जगहँसाई

ख़ुशी क्या है गयी तो उम्र भर को
घड़ी भर के लिए आयी तो आयी

♦

---

1. प्रियतम से मिलन के योग्य 2. दुनिया के चलन से भटका हुआ 3. रेगिस्तान को बेचना 4. नदी दिखाना, मरीचिका 5. सुरीले कण्ठ का अहंकार 6. मित्र 7. यूसुफ़ एक पैगम्बर जो बहुत सुन्दर थे और जिन्हें उनके भाइयों ने सूखे कुएँ में डाल दिया था जहाँ से व्यापारी उन्हें ग़ुलाम बना कर मिस्र ले गये थे 8. बदला 9. डाँट-डपट 10. कटाक्ष 11. आरोप

44.

करूँ न याद, मगर किस तरह भुलाऊँ उसे
ग़ज़ल बहाना करूँ और गुनगुनाऊँ उसे

वो ख़ार-ख़ार[1] है शाख़े-गुलाब[2] की मानिन्द
मैं ज़ख़्म-ज़ख़्म हूँ फिर भी गले लगाऊँ उसे

मगर वो ज़ूदे-फ़रामोश[3], ज़ूदे-रंज[4] भी है
कि रूठ जाये, अगर याद कुछ दिलाऊँ उसे

वही जो दौलते-दिल है, वही जो राहते-जाँ
तुम्हारी बात पे ऐ नासेहू[5], गँवाऊँ उसे

जो हमसफ़र सरे-मंज़िल बिछड़ रहा है फ़राज़
अजब नहीं है अगर याद भी न आऊँ उसे

♦

1. काँटा 2. गुलाब की टहनी 3. जल्दी भूलने वाला 4. जल्दी नाराज़ हो जाने वाला 5. नसीहत करने वाला

45.

किसी के तज़करे[1] बस्ती में कू-ब-कू[2] जो हुए
हमीं ख़मोश थे मौज़ू-उ-गुफ़्तगू[3] जो हुए

न दिल का दर्द ही कम है न आँख ही नम है
न जाने कौन से अरमाँ थे वो लहू जो हुए

नज़र उठायी तो गुमगश्ता-ए-तहय्युर[4] थे
हम आईने की तरह तेरे रू-ब-रू जो हुए

हमीं हैं वादा-ए-फ़र्दा[5] पे टालने वाले
हमीं ने बात बदल दी, बहाना-जू[6] जो हुए

फ़राज़ हो कि वो फ़रहाद हो कि हो मंसूर
उन्हीं का नाम है नाकामे-आरज़ू[7] जो हुए

♦

---

1. उल्लेख, चर्चा 2. गली-गली 3. बातचीत का विषय 4. आश्चर्यचकित 5. न्योते का वचन 6. ढूँढ-ढूँढ कर बहाने तलाश करने वाला 7. विफल मनोरथ

46.

आशिक़ी बे-दिली से मुश्किल है
फिर मुहब्बत उसी से मुश्किल है

इश्क़ आग़ाज़[1] ही से मुश्किल है
सब्र करना अभी से मुश्किल है

हम तन-आसाँ[2] हैं और हमारे लिए
दुश्मनी, दोस्ती से मुश्किल है

जिस को सब बेवफ़ा समझते हों
बेवफ़ाई उसी से मुश्किल है

एक को दूसरे से सहल[3] न जान
हर कोई, हर किसी से मुश्किल है

तू बज़िद[4] है तो आ फ़राज़ मगर
वापसी उस गली से मुश्किल है

♦

1. आरम्भ 2. आलसी 3. सरल, आसान 4. हठी

47.

गुल भी गुलशन में कहाँ ग़ुंचा-दहन[1] तुम जैसे
कोई किस मुँह से करें तुम से सुख़न[2], तुम जैसे

ये मेरा हुस्ने-नज़र[3] है तो दिखा दे कोई
क़ामत-ओ-गेसू-ओ-रुख़सार-ओ-दहन[4] तुम जैसे

अब तो क़ासिद[5] से भी हर बात झिझक कर कहना
ले गये हो मेरा बेसाख़्तापन तुम जैसे

अब तो नायाब हुए दुश्मने-देरीना[6] तक
अब कहाँ ए मेरे याराने-कुहन[7], तुम जैसे

कभी हम पर भी हो एहसाँ कि बना देते हो
अपनी आमद से बयाबाँ को चमन तुम, जैसे

कभी उन लाला-क़बाओं[8] को भी देखा है फ़राज़
पहने फिरते हैं जो ख़्वाबों के कफ़न तुम जैसे

♦

1. कली जैसे मुँह वाला 2. बात 3. दृष्टि की विशेषता 4. देह, केश, गाल और चेहरा 5. पत्रवाहक 6. पुराने दुश्मन 7. पुराने दोस्त 8. लाल रंग का लबादा

48.

कभी जो राहते-जाँ[1] था उसे भुला भी दिया
अगरचे दिल ने हमें ताना-ए-वफ़ा[2] भी दिया

नहीं, कि हमसफ़रों के लिए बने दीवार
जो बर्क़-पा[3] थे उन्हें हमने रास्ता भी दिया

मगर ख़ुदा की सभी बख़्शिशें अनोखी हैं
वफ़ा के साथ हमें यारे-बेवफ़ा भी दिया

मैं बुत बना उसे देखा क्या तो उसने कहा
गुज़र चुकी है बहुत रात अब बुझा भी, दिया

फ़राज़ जिसने दिलों को उदासियाँ बख़्शीं
उसी ने ज़ख़्म छुपाने का हौसला भी दिया

♦

1. जीवन को चैन देने वाला 2. निष्ठा से हटने का दोष 3. जिनके पैरों में बिजली थी, द्रुतगामी

49.

ज़ख़्म हिजराँ[1] का भर गया कुछ-कुछ
ज़हरे-ग़म[2] काम कर गया कुछ-कुछ

इश्क़ के आख़िरी मराहिल[3] में
सच कहूँ मैं भी डर गया कुछ-कुछ

आज दुश्मन की मौत का सुन कर
यों लगा मैं भी मर गया कुछ-कुछ

बे-सबब मुहतरिब[4] नहीं ख़ामोश
माल उसके भी घर गया कुछ-कुछ

अब तेरा दुख नहीं रहा इतना
जी मुहब्बत से भर गया कुछ-कुछ

♦

---

1. वियोग 2. दुख का ज़हर 3. पड़ाव 4. हिसाब लेने वाला

50.

एक दीवाना ये कहते हुए हँसता जाता
काश, मंज़िल से भी आगे कोई रस्ता जाता

ऐ मेरे अब्रे-गुरेज़ाँ[1] मेरी आँखों की तरह
गर बरसना ही तुझे था तो बरसता जाता

आज तक याद है इज़्हारे-मुहब्बत[2] का वो पल
कि मेरी बात की लुकनत[3] पे वो हँसता जाता

चलो पत्थर न उठाते तेरे दीवाने पे लोग
सरे-राहे कोई आवाज़ा ही कसता जाता

इतने महदूदे-करम[4] से तो तग़ाफ़ुल[5] बेहतर
गर तरसना ही मुझे था तो तरसता जाता

♦

---

1. भागता हुआ बादल 2. प्रेम निवेदन 3. हकलाहट 4. थोड़ी-सी कृपा 5. भूलना

51.

दिल बदल का शरीके-हाल[1] कहाँ
हिज्र फिर हिज्र है विसाल[2] कहाँ

इश्क़ है नाम इन्तहाओं का
इस समन्दर में एतदाल[3] कहाँ

ऐसा नशा ज़हर में भी न था
ऐ ग़मे-दिल तेरी मिसाल कहाँ

हम को भी अपनी पायमाली[4] का
है मगर इस क़दर मलाल[5] कहाँ

मैं नयी दोस्ती के मोड़ पे था
आ गया है तेरा ख़याल कहाँ

दिल कि ख़ुशफ़ह्म था सो है वरना
तेरे मिलने का एहतिमाल[6] कहाँ

♦

1. साथी 2. मिलन 3. सन्तुलन 4. पददलित होना 5. अफ़सोस, पछतावा 6. सन्देह, सम्भावना

52.

वस्ल-ओ-हिजराँ[1] हैं और दुनियाएँ
इन ज़मानों में माहो-साल[2] कहाँ

तुझ को देखा तो लोग हैराँ हैं
आ गया शहर में ग़ज़ाल[3] कहाँ

तुझ पे लिखी तो सज गयी है ग़ज़ल
आ मिला ख़्वाब से ख़याल कहाँ

अब तो शह-मात हो रही है फ़राज़
अब बचाव की कोई चाल कहाँ

♦

---

1. मिलन और वियोग 2. महीने और साल 3. हिरनी

53.

किसी की याद में इतना न रो हुआ सो हुआ
कि दिल गँवा के अब आँखें न खो, हुआ सो हुआ

कोई उसे न सुनाये हमारा हाल ख़राब
मबादा[1] इसको भी अफ़सोस हो, हुआ सो हुआ

जुदाइयों के ज़मानों का पूछते क्या हो
गुज़र गयी जो गुज़रनी थी, जो हुआ सो हुआ

मुहब्बतों में अजब तो नहीं उजड़ जाना
सो मुझ को देख के हैराँ न हो हुआ सो हुआ

हज़ार और भी दुख दिल ने पाल रखे हैं
चलो ये इश्क़ का आज़ार[2] तो, हुआ सो हुआ

वफ़ा में हम भी कहाँ ऐसे ख़ुश मामला थे
फ़क़त उसी से गिला क्यों करो हुआ सो हुआ

फ़राज़ ख़ुश हो मता-ए-हुनर[3] सलामत है
बला से इश्क़ की बाज़ी में जो हुआ सो हुआ

♦

1. ऐसा न हो 2. कष्ट 3. कला की सम्पत्ति

54.

करते भी क्या जाना पड़ा फिर से उसी क़ातिल के पास
हम बारहा हो आये हैं चारागराने-दिल[1] के पास

कुछ बे-गुहर[2] की सीपियाँ, कुछ बे-मुसाफ़िर कश्तियाँ
दरिया ने रुख़ बदला तो क्या, बाक़ी रहा साहिल के पास

जिन-जिन को था ज़ोमे-वफ़ा[3], पिन्दारे-जाँ[4], दावा-ए-दिल[5]
महफ़िल सजी तो जमा थे, सब साहबे-महफ़िल के पास

उस इश्क़-ओ-तर्के-इश्क़[6] में नासेह[7] कहाँ से आ गया
ये इख़्तियार आँखों का है ये फ़ैसला है दिल के पास

सा'दी-ओ-हाफ़िज़[8] भी सही, मसनद-नशीनाने-ग़ज़ल[9]
लेकिन किलीदे-मैक़दा[10] है ग़ालिब-ओ-बेदिल[11] के पास

क्या ख़िज़्र[12] और क्या राहबर, हैरान हैं इस बात पर
क्यों ख़ुशनशीं[13] है क़ाफ़िला एक रान्दा-ए-मंज़िल[14] के पास

♦

---

1. दिल का इलाज करने वाले 2. मोती से रहित 3. निष्ठा का गर्व 4. जीवन का अभिमान 5. दिल का दावा 6. प्रेम और प्रेम का टूटना 7. उपदेशक 8. सादी और हाफ़िज़ - ईरान के बड़े कवि 9. ग़ज़ल के मंच पर आसीन 10. मैख़ाने की चाभी 11. ग़ालिब और बेदिल - उर्दू और फ़ारसी के महान कवि 12. एक पैग़म्बर 13. किसी जगह पर टिक जाने वाला 14. मंज़िल से निकाले जाने के बाद

55.

दो घूँट क्या पिये कि बदन में लगी है आग
साक़ी शराब है कि सबू[1] में भरी है आग

तक़दीर हँस रही है कि मैं सोख़्ता नसीब[2]
जंगल में आ गया हूँ जो घर में लगी है आग

जो ढूँढते थे आग उन्हें पैग़म्बरी मिली
हम को पयम्बरी[3] की तलब थी, मिली है आग

अब बाग़ो-बाग़बाँ से कोई क्या गिला करे
अब के तो रंगे-गुल से चमन में लगी है आग

जानाँ, हम अहले-दर्द[4] की तर-चश्मगी[5] न देख
दामाँ[6] को दूर रख कि दिलों में छुपी है आग

महफ़िल को क्या ख़बर जो हमारे दिलों में है
कब शम्मसाँ[7] हमारे सरों पर धरी है आग

आतिश-बजाँ[8] हैं कब से मुहब्बत में हम फ़राज़
एक बार जब लगी है तो फिर कब बुझी है आग

♦

1. सुराही 2. नसीब जला, अभागा 3. सन्देशवाहकी 4. कष्ट सहने वाले 5. भीगी आँखें 6. आँचल 7. शमा जैसी, दीपक जैसी 8. आग प्राणों में लिये हुए, जलते हुए

56.

जो भी क़ासिद[1] था वो ग़ैरों के घरों तक पहुँचा
कोई नामा[2] न तेरे दर-बदरों[3] तक पहुँचा

मुझ को मिट्टी किया तूने तो ये एहसान भी कर
कि मेरी ख़ाक को अब कूज़ागरों[4] तक पहुँचा

ऐ ख़ुदा सारी मुसाफ़त[5] थी रफ़ाक़त[6] के लिए
मुझ को मंज़िल की जगह हमसफ़रों तक पहुँचा

तू महो-मेहर[7] लिये है मगर ए दस्ते-करीम[8]
कोई जुगनू भी न तारीक[9] घरों तक पहुँचा

दिल बड़ी चीज़ था बाज़ारे-मुहब्बत में कभी
अब ये सौदा भी मेरी जान, सरों तक पहुँचा

वक़्त क़ारूँ[10] को भी मोहताज बना देता है
वो शहे-हुस्न[11] भी दरयूज़ागरों[12] तक पहुँचा

इतने नासेह[13] मिले रस्ते में कि तोबा-तोबा
बड़ी मुश्किल से मैं शोरीदा-सरों[14] तक पहुँचा

अहले-दुनिया[15] ने तुझी को नहीं लूटा है फ़राज़
जो भी था साहबे-दिल, मुफ़्तबरों[16] तक पहुँचा

♦

1.सन्देशवाहक 2. पत्र 3. गली-गली भटकने वालों 4. कुम्हारों 5. फ़ासला, दूरी 6. दोस्ती 7. चाँद-सूरज 8. कृपा करने वाला हाथ 9. अँधेरा 10. एक धनी बादशाह 11. सौन्दर्य का सम्राट 12. भिखारियों 13. उपदेशक 14. पागलों 15. दुनिया के लोग 16. दूसरों का माल उड़ाने वाले

57.

ये बेदिली है तो कश्ती से यार क्या उतरें
इधर भी कौन है ? दरिया के पार क्या उतरें ?

तमाम दौलते-जाँ हार दी मुहब्बत में
जो ज़िन्दगी से लिये थे उधार क्या उतरें

हज़ारों जाम से टकरा के जाम ख़ाली हों
जो आ गये हैं दिलों में, ग़ुबार क्या उतरें

बसाने-ख़ाक[1], सरे-कू-ए-यार[2] बैठे हैं
अब इस मक़ाम[3] से हम ख़ाकसार[4] क्या उतरें

न इत्रो-ऊद[5], न जामो-सुबू[6], न साज़ो-सरोद[7]
फ़क़ीरे-शहर[8] के घर शहरयार[9] क्या उतरें

हमें मजाल नहीं है कि बाम[10] तक पहुँचें
उन्हें ये आर[11], सरे-रहगुज़ार[12] क्या उतरें

जो ज़ख़्म दाग़ बने हैं वो भर गये थे फ़राज़
जो दाग़ ज़ख़्म बने हैं वो यार क्या उतरें

♦

---

1. मिट्टी सरीखे लोग 2. प्रियतमा की गली के सामने 3. जगह 4. मिट्टी के बराबर लोग 5. इत्र और अगरु 6. प्याला और सुराही 7. संगीत और वाद्य 8. शहर के फ़कीर, ग़रीब 9. शासक

58. ख़ुद-कलामी

देखे ही नहीं वो लबो-रुख़सार[1] वो गेसू
बस एक खनकती हुई आवाज़ का जादू
हैरानो-परेशाँ लिये फिरता है बहर सू[2]
पाबन्दे-तसव्वर[3] नहीं वो जलवा-ए-बेताब[4]
हो दूर तो जुगनू है क़रीब आए तो ख़ुशबू
लहराये तो शोला है छनक जाये तो घुँघरू
बाँधे हैं निगाहों ने सदाओं[5] के भी मंज़र
वो क़हक़हे जैसे भरी बरसात में कू-कू
जैसे कोई क़ुमरी[6] सरे-शमशाद[7] लबे-जू[8]
एक दिल तेरी बातों पे कहाँ तक कोई जाये
जज़्बात की दुनिया में कहाँ सोच के पहलू
कब आये हैं फ़तराक[9] में वहशतज़दा[10] आहू[11]
माना कि वो लब होंगे शफ़क़[12] रंगो-शररख़ू[13]
शायद कि वो आरिज़[14] हों गुले-तर[15] से भी ख़ुशरू
दिलकश ही सही हल्क़ा-ए-ज़ुल्फ़ो-ख़मे-अबरू[16]
ये किस को ख़बर किसका मुक़द्दर[17] है ये सब कुछ
ख़्वाबों की घटा दूर बरस जायेगी और तू
लौट आयेगा ले कर फ़क़त आहें, फ़क़त आँसू

♦

1. होंट और गाल 2. हर तरफ़ 3. कल्पना का बन्दी 4. बेचैन श्रृंगार 5. पुकार 6. एक पक्षी 7. सरो के पेड़ पर 8. बोलती हुई 9. शिकार बाँधने वाली डोरी 10. जंगली 11. हिरन 12. उषा, भोर की लाली 13. चिनगारी जैसे 14. गाल 15. भीगे फूल 16. अलकों का घेरा और भवों का तिरछापन 17. भाग्य

59. नींद

सर्द पलकों की सलीबों[1] से उतारे हुए ख़्वाब
रेज़ा-रेज़ा[2] हैं मेरे सामने शीशों की तरह
जिनके टुकड़ों की चुभन, जिनकी ख़राशों की जलन
उम्र भर जागते रहने की सज़ा देती है
शिद्दते-कर्ब[3] से दीवाना बना देती है

आज इस क़ुर्ब[4] के हंगाम[5] वो एहसास कहाँ
दिल में वो दर्द न आँखों में चिराग़ों का धुआँ
और सलीबों से उतारे हुए ख़्वाबों की मिसाल
जिस्म गिरती हुई दीवार की मानिन्द निढाल
तू मेरे पास सही, ऐ मेरे आज़ुर्दा[6] जमाल[7]

♦

1. सूली 2. चूर-चूर 3. तीव्र व्याकुलता 4. निकटता 5. हलचल 6. पीड़ित 7. सौन्दर्य

60. इज़हार

पत्थर की तरह अगर मैं चुप हूँ
तो ये न समझ कि मेरी हस्ती
बेगाना - ए - शोला - ए - वफ़ा[1] है
तहक़ीर[2] से यूँ न देख मुझको
ऐ संगतराश तेरा तेशा
मुमकिन है कि ज़र्बे-अव्वलीं[3] से
पहचान सके कि मेरे दिल में
जो आग तेरे लिए दबी है
वो आग ही मेरी ज़िन्दगी है

♦

1. निष्ठा की लौ से अपरिचित 2. हिकारत, उपेक्षा 3. पहली चोट

61. हमदर्द

ऐ दिल उन आँखों पर न जा
जिन में वुफ़ूरे-रंज[1] से
कुछ देर को तेरे लिए
आँसू अगर लहरा गये
ये चन्द लम्हों की चमक
जो तुझको पागल कर गयी
इन जुगनुओं के नूर से
चमकी है कब वो ज़िन्दगी
जिसके मुक़द्दर में रही
सुब्हे-तलब[2] से तीरगी[3]

किस सोच में गुमसुम है तू
ऐ बेख़बर नादाँ न बन
तेरी फ़सुर्दा[4] रूह को
चाहत के काँटों की तलब
और उसके दामन में फ़क़त
हमदर्दियों के फूल हैं

♦

1. दुख की अधिकता 2. इच्छा, चाह, याचना की सुबह 3. अँधेरा 4. दुखी

62. मुझ से पहले

मुझसे पहले तुझे जिस शख़्स ने चाहा उसने
शायद अब भी तेरा ग़म दिल से लगा रखा हो
एक बेनाम-सी उमीद पे अब भी शायद
अपने ख़्वाबों के जज़ीरों[1] को सजा रखा हो

मैंने माना कि वो बेगाना-ए-पैमाने-वफ़ा[2]
खो चुका है जो किसी और की रानाई[3] में
शायद अब लौट के आये न तेरी महफ़िल में
और कोई दुख न रुलाये तुझे तन्हाई में

मैंने माना कि शबो-रोज़ के हंगामों में
वक्त हर ग़म को भुला देता है रफ़्ता-रफ़्ता
चाहे उमीद की शमअें हों कि यादों के चिराग़
मुस्तक़िल[4] बोअद बुझा देता है रफ़्ता-रफ़्ता

फिर भी माज़ी[5] का ख़याल आता है गाहे-गाहे
मुद्दतें दर्द की लौ कम तो नहीं कर सकतीं
जख़्म भर जायें मगर दाग़ तो रह जाता है
दूरियों से कभी यादें तो नहीं मर सकतीं

ये भी मुमकिन है कि एक दिन वो पशेमाँ[6] होकर
तेरे पास आये ज़माने से किनारा कर ले

---

1. द्वीपों 2. निष्ठा की प्रतिज्ञा से अपरिचित 3. सुन्दरता 4. स्थायी 5. अतीत 6. लज्जित

तू कि मासूम भी है, ज़ूद-फ़रामोश[1] भी है
उसकी पैमाँ-शिकनी[2] को भी गवारा कर ले

और मैं, जिसने तुझे अपना मसीहा समझा
एक ज़ख़्म और भी पहले की तरह सह जाऊँ
जिस पे पहले भी कई अहदे-वफ़ा[3] टूटे हैं
इसी दोराहे पे चुपचाप खड़ा रह जाऊँ

♦

1. जल्दी भूलने वाला 2. प्याला तोड़ना 3. निष्ठा की प्रतिज्ञाएँ

63. ज़िन्दगी ! ऐ ज़िन्दगी!

मैं भी चुप हो जाऊँगा बुझती हुई शमओं के साथ
और कुछ लम्हे ठहर ! ऐ ज़िन्दगी ! ऐ ज़िन्दगी
जब तलक रौशन हैं आँखों के फ़सुर्दा[1] ताक़चे[2]
नीलगूँ[3] होंटों से फूटेगी सदा[4] की रौशनी
जिस्म की गिरती हुई दीवार को थामे हुए
मोम के बुत आतिशीं[5] चेहरे सुलगती मूरतें
मेरी बीनाई[6] की ये मख़्लूक़[7] ज़िन्दा है अभी
और कुछ लम्हे ठहर ! ऐ ज़िन्दगी ! ऐ ज़िन्दगी
हो तो जाने दे मेरे लफ़्ज़ों को मानी से तही[8]
मेरी तहरीरें[9], धुएँ की रेंगती परछाइयाँ
जिनके पैकर[10] अपनी आवाज़ों से ख़ाली बे-लहू !
महूव[11] हो जाने तो दे यादों से ख़्वाबों की तरह
रुक तो जायें आख़िरी साँसों की वहशी आँधियाँ
फिर हटा लेना मेरे माथे से तू भी अपना हाथ
मैं भी चुप हो जाऊँ बुझती हुई शमओं के साथ
और कुछ लम्हे ठहर ! ऐ ज़िन्दगी ! ऐ ज़िन्दगी

♦

1. ख़ाली, उदास 2. आले 3. नीले रंग के 4. पुकार 5. जलते हुए 6. दृष्टि 7. जनता 8. रहित, ख़ाली 9. रचनाएँ 10. देह, शरीर 11. तन्मय

64. भली सी एक शक्ल थी

भले दिनों की बात है
भली सी एक शक्ल थी
न ये कि हुस्ने-ताम[1] हो
न देखने में आम सी
न ये कि वो चले तो कहकशाँ[2] सी रहगुज़र लगे
मगर वो साथ हो तो फिर भला-भला सफ़र लगे
कोई भी रुत हो उसकी छब
फ़िज़ा का रंग-रूप थी
वो गर्मियों की छाँव थी
वो सर्दियों की धूप थी

न मुद्दतों जुदा रहे
न साथ सुबहो-शाम हो
न रिश्ता-ए-वफ़ा[3] पे ज़िद
न ये कि इज़्ने-आम[4] हो

न ऐसी ख़ुश लिबासियाँ
कि सादगी गिला करे
न इतनी बेतकल्लुफ़ी
कि आईना हया करे

न इख़्तिलात[5] में वो रम[6]
कि बदमज़ा हो ख़्वाहिशें

---

1. पूर्ण रूप से सुन्दर 2. आकाश गंगा 3. निष्ठा का सम्बन्ध 4. आम इशारा 5. दोस्ती 6. भगदड़

न इस क़दर सुपुर्दगी[1]
कि ज़िच[2] करें नवाज़िशें[3]
न आशिक़ी जुनून की
कि ज़िन्दगी अज़ाब[4] हो
न इस क़दर कठोरपन
कि दोस्ती ख़राब हो

कभी तो बात भी ख़फ़ी[5]
कभी सुकूत[6] भी सुख़न[7]
कभी तो कश्ते-ज़ाफ़राँ[8]
कभी उदासियों का बन

सुना है एक उम्र है
मुआमलाते-दिल[9] की भी
वसाले-जाँफ़िज़ा[10] तो क्या
फ़िराक़े-जाँगसल[11] की भी

सो एक रोज़ क्या हुआ
वफ़ा पे बहस छिड़ गयी
मैं इश्क़ को अमर कहूँ
वो मेरी ज़िद से चिढ़ गयी

मैं इश्क़ का असीर[12] था
वो इश्क़ को क़फ़स[13] कहे
कि उम्र भर के साथ को
वो बदतर-अज़-हवस[14] कहे

''शजर-हजर[15] नहीं कि हम
हमेश[16] पा-ब-गिले[17] रहें

---

1. समर्पण 2. तंग 3. कृपाएँ 4. कष्टकर 5. छिपी हुई 6. मौन 7. शब्दमय 8. केसर का खेत 9. हृदय व्यापार 10. प्राणवर्द्धक 11. हृदय विदारक 12. बन्दी 13. पिंजरा 14. लोभ से अधिक बुरा 15. पेड़-पत्थर 16. हरदम 17. पैर की मिट्टी

न ढोर हैं कि रस्सियाँ
गले में मुस्तकिल[1] रहें
मुहब्बतों की वुसअतें[2]
हमारे दस्तो-पा[3] में हैं
बस एक दर से निस्बतें[4]
सगाने-बावफ़ा[5] में हैं

मैं कोई पेन्टिंग नहीं
कि एक फ्रेम में रहूँ
वही जो मन का मीत हो
उसी के प्रेम में रहूँ
तुम्हारी सोच जो भी हो
मैं उस मिज़ाज की नहीं
मुझे वफ़ा से बैर है
ये बात आज की नहीं''

न उसको मुझ पे मान था
न मुझको उस पे ज़ोम[6] ही
जो अहद[7] ही कोई न हो
तो क्या ग़मे-शगुफ़्तगी[8]

सो अपना-अपना रास्ता
हँसी-ख़ुशी बदल दिया
वो अपनी राह चल पड़ी
मैं अपनी राह चल दिया

भली सी एक शक्ल थी
भली सी उसकी दोस्ती
अब उसकी याद रात-दिन
नहीं, मगर कभी-कभी

♦

---

1. स्थायी, हरदम 2. विस्तार, शक्ति 3. हाथ-पाँव 4. सम्बन्ध 5. वफ़ादार कुत्तों 6. गर्व 7. वचन, प्रतिज्ञा 8. खिलने का दुख

65. जिस तरह कोई कहे

और तेरे शहर से जब रख़्ते-सफ़र[1] बाँध लिया
दरो-दीवार पे हसरत की नज़र क्या करते
चाँद कजलाई हुई शाम की दहलीज़ पे था
उस घड़ी भी, तेरे मजबूरे-सफ़र क्या करते
दिल ठहर जाने की कहता था मगर क्या करते

"हम ने जब वादी-ए-गुरबत[2] में क़दम रखा था"
जिस तरह यादे-वतन आयी थी समझाने को
कुछ उसी तरह की कैफ़ीयते-जाँ[3] आज भी है
जिस तरह कोई क़यामत हो गुज़र जाने को
जिस तरह कोई कहे फिर से पलट आने को

♦

1. यात्रा का सामान 2. परदेस की धरती 3. प्राणों की दशा

66. अभी हम ख़ूबसूरत हैं

(अहमद शमीम की याद में)

हमारे जिस्म औराक़े-ख़ज़ानी[1] हो गये हैं
और रिदा-ए-ज़ख़्म[2] से आरास्ता[3] हैं
फिर भी देखो तो
हमारी ख़ुशनुमाई[4] पर कोई हर्फ़[5]
और कशीदा-क़ामती[6] में ख़म[7] नहीं आया
हमारे होंट ज़हरीली रुतों से कासनी हैं
ओर चेहरे रतजगों की शोलगी से
आबनूसी हो चुके हैं
और ज़ख़्मी ख़्वाब
नादीदा[8] जज़ीरों[9] की ज़मीं पर
इस तरह बिखरे पड़े हैं
जिस तरह तूफ़ाँज़दा कश्ती के टुकड़ों को
समन्दर साहिलों पर फेंक देता है
लहू की बारिशें
या ख़ुदकुशी की ख़्वाहिशें थीं
इस अज़ीयत[10] के सफ़र में
कौन सा मौसम नहीं आया।
मगर आँखों में नम
लहजे में सम
होंटों पे कोई नग़मा-ए-मातम[11] नहीं आया
अभी तक दिल हमारे

---

1. पतझड़ के पन्ने 2. घावों की चादर 3. सुसज्जित 4. सुन्दरता 5. ऐब, बुराई 6. शरीर की लम्बाई 7. बल, टेढ़ापन 8. न देखे गये 9. टापुओं 10. कष्ट भरे 11. शोकगीत

ख़न्दाँ-ए-तिफ़्लाँ[1] की सूरत बे-कदूरत[2] हैं
अभी हम ख़ूबसूरत हैं
ज़माने हो गये
हम कू-ए-जानाँ[3] छोड़ आये थे
मगर अब भी
बहुत से आशना-नाआशना[4] हमदम
और उनकी याद के मानूस[5] क़ासिद[6]
और उनकी चाहतों के हिज्रनामे[7]
दूर देसों से हमारी ओर आते हैं
गुलाबी मौसमों की धूप
जब नौरुस्ता[8] सब्ज़े पर क़दम रखती हुई
मामूर-ए-तन[9] में दर[10] आती है
तो बरफ़ानी बदन में
जू-ए-ख़ूँ[11] आहिस्तगी से गुनगुनाती हैं
उदासी का परिन्दा
चुप के जंगल में
सरे-शाख़े-निहाले-ग़म[12] चहकता है
कोई भूला हुआ बिसरा हुआ दुख
आबला[13] बन कर टपकता है
तो यूँ लगता है
जैसे हर्फ़[14] अपने
ज़िन्दा आवाज़ों की सूरत हैं
अभी हम ख़ूबसूरत हैं

हमारी ख़ुशनुमाई[15] हर्फ़े-हक़[16] की रूनुमाई[17] है
इसी ख़ातिर तो हम आशुफ़्ता-जाँ[18]
उश्शाक़[19] की यादों में रहते हैं
कि जो उन पर गुज़रती है वो कहते हैं

---

1. बच्चों की हँसी 2. मलिनतारहित 3. प्रेमिका की गली 4. परिचित-अपरिचित 5. प्रेमी 6. पत्रवाहक 7. जुदाई के पत्र, सन्देश 8. नये उगे हुए 9. देह की बस्ती 10. दरवाज़े पर 11. ख़ून की नदी 12. दुख के पौधे की टहनी पर 13. फफोला 14. अक्षर 15. सुन्दरता 16. अधिकार के शब्दों 17. मुँह दिखाई 18. व्याकुल प्राणों वाले 19. प्रेमियों

हमारी हर्फ़-साज़ी[1]
अब भी महबूबे-जहाँ[2] है
शायरी शोरीदगाने-इश्क़[3] की दर्दे-ज़बाँ[4] है
और गुलाबों की तरह शादाब[5] चेहरे
लाल-ओ-मरजान[6] की तरह लब
सन्दली हाथों से
चाहत और अक़ीदत[7] की बयाज़ों[8] पर
हमारे नाम लिखते हैं

सभी दर्द-आशना[9]
ईसारे-मशरब[10]
हम नफ़स[11], अहले-क़फ़स[12]
जब मक़तलों[13] की सिम्त[14] जाते हैं
हमारे गीत गाते हैं
अभी तक नाज़ करते हैं
सब अहले-क़ाफ़िला[15]
अपने हदीख़्वानों पर आशुफ़्ता-कलामों[16] पर
अभी हम दस्तख़त करते हैं अपने क़त्लनामों पर
अभी हम आसमानों की अमानत
और ज़मीनों की ज़रूरत हैं
अभी हम ख़ूबसूरत हैं

◆

1. रचनाशीलता 2. संसार-प्रेमी 3. प्रेम में उन्मत्त लोग 4. दुखी बाणी 5. खिले हुए, ख़ुश 6. माणिक और प्रवाल 7. आस्था, भक्ति 8. नोटबुकों 9. दर्द के प्रेमी 10. त्याग के मतावलम्बी 11. साथी 12. पिंजरे के निवासी 13. वधस्थलों 14. ओर 15. काफ़िले के सदस्य 16. व्याकुल शब्दों

67.

अव्वल-अव्वल की दोस्ती है अभी
एक ग़ज़ल है कि हो रही है अभी

मैं भी शहरे-वफ़ा में नौ-वारिद[1]
वो भी रुक-रुक के चल रही है अभी

मैं भी ऐसा कहाँ का ज़ूद-शनास[2]
वो भी, लगता है, सोचती है अभी

दिल की वारफ़्तगी है अपनी जगह
फिर भी कुछ एहतियात सी है अभी

गरचे पहला सा इज्तनाब[3] नहीं
फिर भी कम-कम सुपुर्दगी है अभी

कैसा मौसम है कुछ नहीं खुलता
बूँदा-बाँदी भी धूप भी है अभी

♦

1. नवागत 2. जल्दी पहचानने वाला 3. उपेक्षा, घृणा

68.

ख़ुद कलामी में कब ये नश्शा था
जिस तरह रू-ब-रू कोई है अभी

कुर्बतें[1] लाख ख़ूबसूरत हों
दूरियों में भी दिलकशी है अभी

फ़स्ले-गुल में बहार पहला गुलाब
किसकी ज़ुल्फ़ों में टाँकती है अभी

सुब्ह नारंज[2] के शगूफ़ों[3] की
किस को सौग़ात[4] भेजती है अभी

रात किस माहवश[5] की चाहत में
शबनमिस्ताँ[6] सजा रही है अभी

मैं भी किस वादी-ए-ख़याल[7] में था
बर्फ़ सी दिल पे गिर रही है अभी

मैं तो समझा था भर चुके सभी ज़ख़्म
दाग़ शायद कोई-कोई है अभी

---

1. निकटता 2. नारंगी 3. कलियों, फूलों 4. उपहार 5. चाँद सरीखी 6. ख़्वाबगाह, शयनागार 7. कल्पना की घाटी

दूर देसों से काले कोसों से
कोई आवाज़ आ रही है अभी

ज़िन्दगी कू-ए-नामुरादी[1] से
किसको मुड़-मुड़ के देखती है अभी

इस क़दर खिच गयी है जाँ की कमाँ
ऐसा लगता है टूटती है अभी

ऐसा लगता है ख़िलवते-जाँ[2] में
वो जो एक शख़्स था, वही है अभी

मुद्दतें हो गयीं फ़राज़ मगर
वो जो दीवानगी कि थी, है अभी

♦

1. विफलता की गली 2. प्राणों के एकान्त

69.

शाम और क़िर्या-ए-मलाल[1] की शाम
तारा-तारा हुई ख़याल की शाम

फिर वही दर्दे-इन्तज़ार की आग
फिर वही वादा-ए-विसाल[2] की शाम

यादे-याराने-ज़ूद-रंज[3] के ज़ख़्म
पुर्सिशे-हाल-ो-इन्दिमाल[4] की शाम

तू न देखे मेरे जुनूँ का ज़वाल[5]
मैं न देखूँ तेरे जमाल की शाम

एक तीमारदार क्या आया
महक उठी है हस्पताल की शाम

ऐ ख़ुदा, कोई सुब्हे-आसूदा[6]
ऐ ख़ुदा कोई एतदाल[7] की शाम

भूलती ही नहीं फ़राज़ मुझे
उसके आने के एहतमाल[8] की शाम

♦

---

1. दुख के स्थान 2. मिलन का वचन 3. जल्दी नाराज़ होने वाले मित्रों की याद 4. क्षतिपूर्ति और दशा की पूछ-ताछ 5. पतन 6. समृद्धि की सुबह 7. सन्तुलन 8. सन्देह

70.

अमाँ[1] माँगो न उन से दिलफ़गाराँ[2] हम न कहते थे
ग़नीमे-शहर[3] हैं, चाबुकसवाराँ[4] हम न कहते थे

ख़िज़ाँ[5] ने तो फ़क़त मलबूस[6] छीने थे दरख़्तों से
सलीबें भी तराशेगी बहाराँ हम न कहते थे

तरस जायेंगी हम से बेनवाओं[7] की तेरी गलियाँ
हमारे बाद ऐ शहरे-निगाराँ[8] हम न कहते थे

जहाँ मेला लगा है नासेहों[9] का ग़मगुसारों[10] का
वही है कूचा-ए-बे-एतबाराँ[11] हम न कहते थे

पसे-ज़िन्दाँ[12] कोई होगा सरे-मक़तल[13] कोई होगा
बनेगी इस तरह तस्वीरे-याराँ हम न कहते थे

फ़राज़ अहले-हवस[14] ने शहरे-दुश्मन हमको ठहराया
ख़ता[15] ये थी कि मदहे-शहरयाराँ[16] हम न कहते थे

♦

---

1. क्षमा, सुरक्षा 2. घायल हृदय वालों 3. शहर के प्रतिद्वन्द्वी, आक्रमणकर्ता 4. घोड़ों को सधाने वाले 5. पतझड़ 6. लिबास, कपड़े 7. ग़रीबों 8. प्रेमियों के शहर 9. उपदेशकों 10. दुख बाँटने वालों 11. अविश्वासियों की गली 12. कैद के भीतर 13. वधस्थल में 14. लालची लोगों 15. ग़लती, दोष 16. शासकों की प्रशंसा

71.

कल रात हमसुख़न[1] कोई बुत था ख़ुदा कि मैं
मैं सोच ही रहा था कि दिल ने कहा कि मैं

था कौन जो गिरह पे गिरह डालता रहा
अब ये बता कि उक़दाकुशा[2] तू हुआ कि मैं

जब सारा शहर बर्फ़ के पैराहनों[3] में था
इन मौसमों में लोग थे शोला-क़बा[4] कि मैं

जब दोस्त अपने-अपने चिराग़ों के ग़म में थे
तब आँधियों की ज़द पे कोई और था कि मैं

जब फ़सले-गुल[5] में फ़िक्रे-रफ़ू[6] अहले-दिल[7] को थी
इस रुत में भी दरीदा-जिगर[8] तू रहा कि मैं

कल जब रुकेगा बाज़ू-ए-क़ातिल[9] तो देखना
ऐ अहले-शहर[10] तुम थे शहीदे-वफ़ा[11] कि मैं

कल जब थमेगी ख़ून की बारिश तो सोचना
तुम थे उदू[12] की सफ़[13] में सरे-क़ुर्बेजा[14] कि मैं

♦

1. आपसी बातचीत करने वाला 2. दुख निवारण करने वाला 3. लिबास 4. लपटों के लिबास पहने हुए 5. फूलों का मौसम 6. सिलाई की चिन्ता 7. दिल के निवासी 8. फटे जिगर वाला 9. वधिक का हाथ 10. शहर के निवासी 11. भक्ति पर बलिदान होने वाला 12. दुश्मन 13. कतार 14. नज़दीक

72.

नाख़ुश हैं कभी बुत, कभी नाराज़ हरम है
हम दिलज़दगाँ[1] का न ख़ुदा है न सनम है

जो लिख नहीं सकता सफ़े-मिज़गाँ[2] पे रक़म[3] है
'गो हाथ को जुम्बिश नहीं आँखों में तो दम है'

इन्साफ़ कहाँ अब तो फ़क़त फ़ैसला होगा
मैं पा-ब-सलासल[4], कफ़े-दुश्मन[5] में क़लम है

तरकश का गुमाँ होता है बिस्मिल के बदन पर
तीर इतने लगे जिस्म कमाँ की तरह ख़म है

ये कैसी रफ़ाक़त[6] है न मिलना न बिछड़ना
ये कैसी वफ़ा है कि न तिरयाक़[7] न सम[8] है

क्या मर्गे-मुहब्बत[9] का हुआ रंज तुझे भी
ऐ ज़ूद-फ़रामोश[10] तेरी आँख भी नम है

झेले हैं जो दुख तूने फ़राज़ अपनी जगह हैं पर तुम
पे जो गुज़री है वो औरों से तो कम है

♦

1. घायल दिलवालों 2. बरौनी पर 3. लिखी 4. पैरों में बेड़ियाँ 5. दुश्मन के हाथ में 6. दोस्ती 7. विषहर 8. विष 9. प्रेम की मृत्यु 10. जल्दी भुलाने वाला

73.

बेनयाज़ाना[1] हमेशा की तरह मिलता है
अहले-दिल[2] से भी वो दुनिया की तरह मिलता है

कूचा-ए-यार[3] में हैराँ हूँ कि किसको देखूँ
हर कोई नक्शे-कफ़-ो-पा[4] की तरह मिलता है

हम वहाँ हैं कि जहाँ चश्मकुशाई[5] का सिला
आँख को ज़ख़्मे-तमाशा[6] की तरह मिलता है

हर सितमगर के मुहब्बत भरे लहजे पे न जा
कभी सहरा[7] भी तो दरिया की तरह मिलता है

अब हमें ख़्वाहिशे-दरमाँ[8] जो नहीं है तो फ़राज़
जो भी मिलता है मसीहा की तरह मिलता है

♦

1. निर्लिप्त 2. दिल के वासियों 3. प्रेमी की गली 4. हाथ पैर खुदे हुए 5. आँख खोलना 6. तमाशे के घाव 7. रेगिस्तान 8. इलाज की इच्छा

74.

क़ुर्बे-जानाँ[1] का न मैख़ाने का मौसम आया
फिर से बसफ़्रां[2] उजड़ जाने का मौसम आया

कुंजे-गुरबत[3] में कभी गोशा-ए-ज़िन्दाँ[4] में थे हम
जाने-जाँ जब भी तेरे आने का मौसम आया

अब लहू रोने की ख़्वाहिश न लहू होने की
दिले-ज़िन्दा[5] तेरे मर जाने का मौसम आया

कूचा-ए-यार[6] से हर फ़सल में गुज़रे हैं मगर
शायद अब जाँ से गुज़र जाने का मौसम आया

कोई ज़ंजीर, कोई हर्फ़े-ख़िरद[7] ले आया
फ़सले-गुल आयी कि दीवाने का मौसम आया

सैले-ख़ूँ[8] शहर की गलियों में दर आया है फ़राज़
और तू ख़ुश है कि घर जाने का मौसम आया

♦

1. प्रेमी की निकटता 2. ख़ूब 3. परदेस के एकान्त 4. कैद की तन्हाई 5. ज़िन्दा दिली 6. प्रेमी की गली 7. समझदारी की बात 8. ख़ून की बाढ़

75.

गये दिनों में मुहब्बत मिज़ाज उसका था
मगर कुछ और ही अन्दाज़ आज उसका था

वो शहरयार जब अक़लीमे-हर्फ़[1] में आया
तो मेरा दस्तनिगर तख़्तो-ताज[2] उसका था

मैं क्या बताऊँ कि क्यों उसने बेवफ़ाई की
मगर यही कि कुछ ऐसा मिज़ाज उसका था

हमें भी दुख है दिले-ज़िन्दादिल के मरने का
किसी के पास मगर कब इलाज उसका था

लहूलुहान था मैं और अदल[3] की मीज़ान[4]
झुकी थी जानिबे-क़ातिल[5] कि राज उसका था

तुझे गिला है कि दुनिया ने फेर लीं आँखें
फ़राज़ ये तो सदा से रिवाज उसका था

♦

1. अक्षरों के देश 2. दूसरों का मुखापेक्षी सिंहासन और मुकुट 3. दलील, तर्क 4. तराज़ू 5. हत्यारे की तरफ़

76.

हम भी शायर थे कभी जाने-सुख़न[1] याद नहीं
तुझको भूले हैं तो दिलदारी-ए-फ़न[2] याद नहीं

दिल से कल महवे-तकल्लुम[3] थे तो मालूम हुआ
कोई काकुल[4], कोई लब[5], कोई दहन[6] याद नहीं

अक़्ल के शहर में आया है तो यूँ गुम है जुनूँ
लबे-गोया[7] को भी बेसाख़्तापन याद नहीं

अव्वल-अव्वल तो न थे वाक़िफ़े-आदाबे-कफ़स[8]
और अब रस्मो-रहे-अहले-चमन[9] याद नहीं

हर कोई नाविको-तरकश[10] की दुकाँ पूछता है
किसी गाहक को मगर अपना बदन याद नहीं

वक़्त किस दश्ते-फ़रामोशी[11] में ले आया है
अब तेरा नाम भी ख़ाकम-बदहन[12] याद नहीं

ये भी क्या कम है ग़रीबुलवतनी[13] में कि फ़राज़
हम को बेमेहरी-ए-अरबाबे-वतन[14] याद नहीं

♦

---

1. वाणी के प्राण 2. कला की सान्त्वना 3. बात में तल्लीन 4. बाल 5. होंट 6. चेहरा, मुँह 7. बोलने वाले के होंट 8. पिंजरे के नियम-कानून से परिचित 9. बाग़ के रहने वालों के रस्म-रिवाज 10. तीर-तरकश 11. विस्मृति का वन 12. मुहावरा - मेरे मुँह में मिट्टी 13. परदेश 14. देशवासियों की अकृपा

77.

जहाँ के शोर से घबरा गये क्या
मुसाफ़िर घर को वापस आ गये क्या

न थी इतनी कड़ी ताज़ा मुसाफ़त[1]
पुराने हमसफ़र याद आ गये क्या

यहाँ कुछ आशना[2] सी बस्तियाँ थीं
जज़ीरों[3] को समन्दर खा गये क्या

मेरी गर्दन में बाँहें डाल दी हैं
तुम अपने आप से उकता गये क्या

नहीं आया मेरा जाने-बहाराँ[4]
दरख़्तों पर शगूफ़े[5] आ गये क्या

जहाँ मेला लगा है क़ातिलों का
फ़राज़ उस शहर में तन्हा गये क्या

♦

1. दूरी 2. परिचित 3. टापुओं 4. प्रेमी, बहारों की जान 5. फूल, कलियाँ

78.

एक दस्त-शनास[1] ने मुझसे कहा तेरे हाथ की रेखाएँ हैं अजब
तेरे पाँव अनोखी बेड़ी है तेरे गले में मालाएँ हैं अजब

तेरे प्यार के कितने क़िस्से हैं, तेरी ज़ात के कितने हिस्से हैं
कहीं राम है तू कहीं रावण है, तेरी पीत की चरचाएँ हैं अजब

कभी नदिया जैसे बोल कहे कभी सागर जैसा शोर करे
तेरा भेद भरा लहजा न खुले तेरी सारी कविताएँ हैं अजब

कई तुझको दुनियादार कहें कई लोग तुझे अवतार कहें
तेरा जीवन नाटक जैसा है तेरे नाम की लीलाएँ हैं अजब

कभी प्रेम का रस छिड़काये तू कभी बिरहा-बस टपकाये तू
कभी ज़हर है तू कभी अमृत है तेरे ध्यान की गीताएँ हैं अजब

कोई गोपी तुझको जान कहे कोई देवी तुझ पर मान करे
तू कृष्ण न शाम मगर फिर भी तेरी रसिया राधाएँ हैं अजब

तू इक मतवाला पंछी है इस शाख़ उड़े उस बाग़ फिरे
क्या ठौर-ठिकाना हो तेरा तेरे मन की दुनियाएँ हैं अजब

---

1. हस्तरेखा विशारद, ज्योतिषी

कभी ओस से प्यास बुझाये तू कहीं दरिया को ठुकराये तू
तेरा हँसता चेहरा और लगे तेरी आँखों की बरखाएँ हैं अजब

तू बंजारा या जोगी है, तू कवि है या कोई रोगी है
तू ज्ञानी है या मूरख है तेरे बारे में सब रायें हैं अजब

♦

79.

न जाने ज़र्फ़[1] था कम या अना[2] ज़्यादा थी
कुलाह[3] सर से तो क़द से क़बा[4] ज़्यादा थी

रमीदगी[5] थी तो फिर ख़त्म था गुरेज़ उस पर
सुपुर्दगी थी तो बेइन्तहा ज़्यादा थी

ग़ुरूर[6] उसका भी कुछ था जुदाइयों का सबब
कुछ अपने सर में भी शायद हवा ज़्यादा थी

वफ़ा की बात अलग पर जिसे-जिसे चाहा
किसी में हुस्न, किसी में अदा ज़्यादा थी

फ़राज़ उस से वफ़ा माँगता है जाँ के एवज़
जो सच कहें तो ये क़ीमत ज़रा ज़्यादा थी,

♦

1. गर्व 2. अहम 3. पगड़ी 4. लबादा 5. भगदड़, पलायन 6. घमण्ड

80.

ज़ोम[1] ऐसा किया कि लुत्फ़े-दोस्त[2] ठुकराना पड़े
ये तबियत है तो शायद जाँ से भी जाना पड़े

ख़ानावीरानी[3] तो होती है मगर ऐसी कहाँ
अपनी आँखों से ख़ुद अपना घर न पहचाना पड़े

रस्म चल निकली अजब अब मैकदे[4] की ख़ैर हो
है वही जमशेद[5] जिसके हाथ पैमाना पड़े

सोच लो उस बज़्म[6] से उठने से पहले सोच लो
ये न हो फिर दिल के हाथों लौट कर आना पड़े

ले चले हैं हज़रते-नासेह[7] मुझे जिस राह से
लुत्फ़ जब आये उधर भी कू-ए-जाना[8] पड़े

ग़म ही ऐसा था कि दिल शक़[9] हो गया वर्ना फ़राज़
कैसे-कैसे हादसे हँस-हँस के सह जाना पड़े

♦

1. गर्व, घमण्ड 2. दोस्त का मज़ा 3. अकेलापन 4. शराबख़ाने, मदिरालय 5. ईरान का प्राचीन शासक जिसके हाथ में एक प्याला था जिससे उसे दुनिया भर का हाल पता चल जाता था 6. सभा 7. उपदेशक महोदय 8. प्रेमी की गली 9. शक़ हो जाना = फट जाना

81.

मुन्तज़र[1] कब से तहय्युर[2] है तेरी तक़दीर का
बात कर, तुझ पर गुमाँ होने लगा तस्वीर का

रात क्या सोये कि बाक़ी उम्र की नींद उड़ गयी
ख़्वाब क्या देखा कि धड़का लग गया ताबीर का

कैसे पाया था तुझे, फिर किस तरह खोया तुझे
मुझ सा मुन्किर[3] भी तो क़ायल हो गया तक़दीर का

जिस तरह बादल का साया प्यास भड़काता रहे
मैंने ये आलम भी देखा है तेरी तस्वीर का

जाने किस आलम में तू बिछड़ा कि है तेरे बग़ैर
आज तक हर नक़्श फ़रियादी मेरी तहरीर[4] का

इश्क़ में सर फोड़ना भी क्या कि ये बेमहर लोग
जू-ए-ख़ूँ[5] को नाम दे देते हैं जू-ए-शीर[6] का

जिसको भी चाहा उसे शिद्दत से चाहा है फ़राज़
सिलसिला टूटा नहीं है दर्द की ज़ंजीर का

♦

---

1. प्रतीक्षारत 2. सन्तुलन 3. इनकार करने वाला 4. रचना, लेखनी 5. ख़ून की नदी 6. दूध की नदी

82.

तुझे उदास किया ख़ुद भी सोगवार[1] हुए
हम आप अपनी मुहब्बत से शर्मसार हुए

बला की रौ[2] थी, नदीमाने-आबला-पा[3] को
पलट के देखना चाहा कि ख़ुद ग़ुबार हुए

गिला उसी का किया जिस से तुझ पे हर्फ़[4] आया
वगर्ना यों तो सितम[5] हम पे बेशुमार हुए

ये इन्तक़ाम[6] भी लेना था ज़िन्दगी को अभी
जो लोग दुश्मने-जाँ थे वो ग़मगुसार[7] हुए

हज़ार बार किया तर्के-दोस्ती[8] का ख़याल
मगर फ़राज़ पशेमाँ[9] हर एक बार हुए

♦

---

1. शोकग्रस्त 2. रफ़्तार 3. पैर के फफोलों के मारे हुए 4. दोष 5. अत्याचार 6. बदला 7. दुख बाँटने वाला 8. दोस्ती तोड़ना 9. लज्जित

83.

अब के हम बिछड़े तो शायद कभी ख़्वाबों में मिलें
जिस तरह सूखे हुए फूल किताबों में मिलें

ढूँढ उजड़े हुए लोगों में वफ़ा के मोती
ये ख़ज़ाने तुझे मुमकिन है ख़राबों[1] में मिलें

ग़मे-दुनिया[2] भी ग़मे-यार में शामिल कर लो
नश्शा बढ़ता है शराबें जो शराबों में मिलें

तू ख़ुदा है न मेरा इश्क़ फ़रिश्तों जैसा
दोनों इन्साँ हैं तो क्यों इतने हिजाबों[3] में मिलें

आज हम दार[4] पे खींचे गये जिन बातों पर
क्या अजब कल वो ज़माने को निसाबों[5] में मिलें

अब न वो हैं न वो तू है न वो माज़ी[6] है फ़राज़
जैसे दो शख़्स तमन्ना के सराबों[7] में मिलें

♦

---

1. निर्जन स्थान, खँडहर 2. संसार के दुख 3. पर्दों 4. फाँसी का तख़्ता 5. पाठ्यक्रम, आधार 6. अतीत 7. मृगमरीचिका

84.

अभी कुछ और करिश्मे ग़ज़ल के देखते हैं
फ़राज़ अब ज़रा लहजा बदल के देखते हैं

जुदाइयाँ तो मुक़द्दर हैं फिर भी जाने-सफ़र
कुछ और दूर ज़रा साथ चल के देखते हैं

रहे-वफ़ा[1] में हरीफ़े-ख़राम[2] कोई तो हो
सो अपने आप से आगे निकल के देखते हैं

तू सामने है तो फिर क्यों यक़ीं नहीं आता
ये बार-बार जो आँखों को मल के देखते हैं

ये कौन लोग हैं मौजूद तेरी महफ़िल में
जो लालचों से तुझे, मुझ को जल के देखते हैं

ये क़ुर्ब[3] क्या है कि यकजाँ[4] हुए न दूर रहे
हज़ार एक ही क़ालिब[5] में ढल के देखते हैं

♦

1. प्रेम या निष्ठा की राह 2. चलने वाला प्रतिद्वन्द्वी 3. निकटता 4. एक प्राण 5. शरीर, ढाँचा

85.

न तुझ को मात हुई है न मुझ को मात हुई
सो अब के दोनों ही चालें बदल के देखते हैं

ये कौन है सरे-साहिल[1] कि डूबने वाले
समन्दरों की तहों से उछल के देखते हैं

अभी तलक तो न कुन्दन हुए न राख हुए
हम अपनी आग में हर रोज़ जल के देखते हैं

बहुत दिनों से नहीं है कुछ उसकी ख़ैर-ख़बर
चलो फ़राज़ को, ऐ यार चल के देखते हैं

♦

---

1. किनारे पर

86.

जब मुलाक़ात बेइरादा थी
उसमें आसूदगी[1] ज़ियादा थी

न तवक़्क़ो[2] न इन्तज़ार न रंज
सुब्हे-हिज्राँ[3] न शामे-वायदा थी

न तकल्लुफ़[4] न एहतियात[5] न ज़ोम[6]
दोस्ती की ज़बान सादा थी

जब भी चाहा गुनगुनाऊँ उसे
शायरी पेश-पा-फ़ुतादा[7] थी

ला'ल[8] से लब चिराग़ सी आँखें
नाक सुतवाँ[9] जबीं[10] कुशादा[11] थी

हिद्दते-जाँ[12] से रंग ताँबा सा
साग़र अफ़रोज़ मौजे-बादा[13] थी

♦

1. तृप्ति 2. अपेक्षा 3. वियोग की सुबह 4. औपचारिकता 5. सतर्कता 6. गर्व 7. पैरों के सामने पड़ी हुई 8. माणिक 9. पतली 10. माथा 11. चौड़ा 12. स्वभाव में तेज़ी 13. शराब की तरंग प्याले की शोभा बढ़ाने वाली थी

87.

जुल्फ़ को हमसरी[1] का दावा था
फिर भी ख़ुशक़ामती[2] ज़ियादा थी

कुछ तो पैकर[3] में थी बला की तलाश
कुछ वो काफ़िर तुनुक लबादा[4] थी

अप्सरा थी न हूर थी न परी
दिलबरी में मगर ज़ियादा थी

जितनी बे-मेहर, मेहरबाँ उतनी
जितनी दुश्वार[5], उतनी सादा थी

एक ज़माना जिसे कहे क़ातिल
मेरे शाने[6] पे सर-नहादा[7] थी

ये ग़ज़ल देन उस ग़ज़ाल[8] की है
जिसमें हम से वफ़ा ज़ियादा थी

वो भी क्या दिन थे जब फ़राज़ उस से
इश्क़ कम आशिक़ी ज़ियादा थी

♦

1. बराबरी 2. शरीर का सौष्ठव 3. आकृति 4. कम पहने हुए 5. कठिन 6. कन्धे 7. सिर टिकाये 8. हिरनी

88.

जान से इश्क और जहाँ से गुरेज़
दोस्तों ने किया कहाँ से गुरेज़

इब्तदा[1] की तेरे क़सीदे[2] से
अब ये मुश्किल, करूँ कहाँ से गुरेज़

मैं वहाँ हूँ जहाँ-जहाँ तुम हो
तुम करोगे कहाँ-कहाँ से गुरेज़

कर गया मेरे-तेरे क़िस्से में
दास्ताँ-गो[3], यहाँ-वहाँ से गुरेज़

जंग हारी न थी अभी कि फ़राज़
कर गये दोस्त दर्मियाँ[4] से गुरेज़

♦

1. आरम्भ 2. प्रशंसा 3. कहानी सुनाने वाला 4. बीच

89.

ग़ैरते-इश्क़[1] सलामत थी अना[2] ज़िन्दा थी
वो भी दिन थे कि रहो-रस्मे-वफ़ा[3] ज़िन्दा थी

क़ैस[4] को दोष न दो रखियो न फ़रहाद[5] को नाम
उन्हीं लोगों से मुहब्बत की अदा ज़िन्दा थी

शहरे-बीमार[6] के हर कूचा-ओ-बाम-ओ-दर[7] पर
हम भी मरते थे कि जब ख़ल्क़े-ख़ुदा[8] ज़िन्दा थी

बुझ गयीं शम्मएँ तो दम तोड़ गये झोंके भी
जिस तरह ज़हरे-रक़ाबत[9] से हवा ज़िन्दा थी

यादे-अय्याम[10] कि सहरा-ए-मुहब्बत[11] में फ़राज़
जरसे-क़ाफ़िला-ए-दिल[12] की सदा ज़िन्दा थी

♦

1. प्रेम का स्वाभिमान 2. अहं 3. निष्ठा का नियम-कायदा 4. मजनूँ 5. ईरान का प्रसिद्ध प्रेमी 6. बीमार का शहर 7. गली, अटारी और दरवाज़ा 8. ईश्वर की सृष्टि, जनता 9. प्रतिद्वन्द्विता के ज़हर 10. युग की स्मृति 11. प्रेम के रेगिस्तान 12. दिल के काफ़िले के ऊँटों की घण्टियाँ

90.

रिदा-ए-ज़ख़्म[1] हर गुल पैरहन[2] पहने हुए है
जिसे देखो वो ही चुप का कफ़न पहने हुए है

वही सच बोलने वाला हमारा दोस्त देखो
गले में तौक़[3] पाँव में रसन[4] पहने हुए है

अँधेरी और अकेली रात दिल और यादें
ये जंगल जुगनुओं का पैरहन पहने हुए है

रिहा हो भी चुके सब हमक़फ़स[5] कब के मगर दिल
ये वहशी अब भी ज़ंजीरे-कुहन[6] पहने हुए है

सुना है एक ऐसा ताइफ़ा[7] है अहले-दिल[8] का
जो दीवाना नहीं दीवानापन पहने हुए है

फ़राज़ इस शहर में किस को दिखाऊँ ज़ख़्म अपने
यहाँ तो हर कोई मुझ सा बदन पहने हुए है

♦

1. ज़ख़्म की चादर 2. पहरावा, कुर्ता 3. कैदियों के गले में पहनायी गयी हँसली 4. रस्सी 5. साथ के बन्दी 6. पुरानी बेड़ियाँ 7. दल, समूह 8. दिल के निवासी, दिलदार

91.

बहुत सैरे-गुल[1] ऐ सबा कर चले
जहाँ तक कि दिल को क़बा[2] कर चले

वो तेरी गली थी कि शहरे-उदू[3]
जिधर भी गये सर उठा कर चले

जो अहवाल[4] अपना हुआ सो हुआ
अबस[5] दोस्तों को ख़फ़ा कर चले

यह महफ़िल तेरी अहले-महफ़िल[6] तेरे
हमारा था क्या हम तो आ कर चले

ये क्या आज चारागरों[7] को हुआ
दवा की बजाय दुआ कर चले

नवासंज[8] सारा क़फ़स[9] है फ़राज़
यहाँ तक तो हम बेनवा[10] कर चले

♦

1. फूलों की सैर 2. चोग़ा, अँगरखा 3. दुश्मन का शहर 4. हालत, स्थिति 5. व्यर्थ 6. सभा के सदस्य 7. चिकित्सक 8. गायक 9. बन्दीघर 10. मौन, कंगाल

92.

घर में कितना सन्नाटा बाहर कितना शोर
या दुनिया दीवानी है या मेरा दिल है चोर

कभी तो आँखों के गुलज़ारों में भी आ कर नाच
दिल में कौन तुझे देखेगा, ए जंगल के मोर

यूँ फिरते हैं गलियों में घबराये-घबराये से
जैसे इस बस्ती के साये भी हों आदमख़ोर

सोच की चिनगारी भड़का कर क्या नादानी की
उस लम्हे से ले कर अब तक आग है चारों ओर

चाक गिरेबाँ फिर ना किस को ख़ुश आता है फ़राज़
हम भी उसको भूल न जायें दिल पे अगर हो ज़ोर

♦

93.

उसकी नवाज़िशों[1] ने तो हैरान कर दिया
मैं मेज़बान था मुझे मेहमान कर दिया

एक नौबहारे-नाज़[2] के हल्के से लम्स[3] ने
मेरे तो सारे जिस्म को गुलदान कर दिया

कल एक निगारे-शहरे-सबा[4] ने बलुत्फ़े-ख़ास[5]
मुझ से फ़क़ीर को भी सुलेमान[6] कर दिया

जीने से इस क़दर भी लगाव न था मुझे
तू ने तो ज़िन्दगी को, मेरी जान कर दिया

क़ुरबत[7] के पल वो इतना सख़ी[8] था उसने तो
पूरा तमाम उम्र का नुक़सान कर दिया

ना-आशना-ए-लुत्फ़े-तसादुम[9] को क्या ख़बर
मैंने हवा की ज़द[10] पे रखा जान कर, दिया

इतने सुकूँ के दिन कभी देखे न थे फ़राज़
आसूदगी[11] ने मुझ को परेशान कर दिया

---

1. कृपाओं 2. बसन्त सुन्दरी 3. स्पर्श 4. शहर के समीर की मूर्ति, प्रेमिका 5. विशेष आनन्द से 6. एक प्रसिद्ध बादशाह 7. निकटता 8. उदार 9. संघर्ष के आनन्द से अपरिचित 10. सामने, निशाने पर 11. तृप्ति

तमाम बज़्म[1] भी मुश्ताक़े-हर्फ़[2] बाबते-दोस्त[3]
सो मैंने और बढ़ा दी ज़रा हिकायते-दोस्त[4]

वफ़ा तो अपने से होती है दूसरे से नहीं
सो इस बिना पे कोई क्या करे शिकायत दोस्त

ये लोग सर्व-ओ-सनोबर[5] का ज़िक्र करते हैं
ये इस्तआरे[6] नहीं हस्बे-क़दो-क़ामते-दोस्त[7]

वो बेनयाज़ भी होगा मगर ये बात समझ
हर एक अर्ज़ नहीं दरख़ुरे-समाअते-दोस्त[8]

इधर-उधर न यूँ ही ज़िन्दगी लुटाते फिरो
कि सिर्फ़ दिल ही नहीं जाँ भी है अमानते-दोस्त[9]

तमाम वार किसी एक मेहरबाँ के नहीं
कोई है बख़शिश दुनिया कोई इनायते-दोस्त[10]

तुम्ही बताओ कि तय किस तरह करोगे फ़राज़
ये उम्र भर का राफ़र और बे-रफ़ाक़ते-दोस्त[11]

♦

---

1. सभा 2. शब्दों का इच्छुक 3. दोस्त के बारे में 4. दोस्त की कहानी 5. चीड़ और देवदार के पेड़ 6. प्रतीक, बिम्ब 7. दोस्त के शरीर और ऊँचाई के अनुसार 8. दोस्त के सुनने योग्य 9. दोस्त की धरोहर 10. दोस्त की कृपा 11. दोस्त की दोस्ती के बिना

94.

तू किस तरह से ये एहसाँ मगर उतारेगा
अता[1] करेगा जो दस्तार[2], सर उतारेगा

न माँग एक भी लम्हा ख़ुशी का दुनिया से
ये क़र्ज़ वो है जिसे उम्र भर उतारेगा

ये उम्र भर की थकन एक दिन तो उतरेगी
कोई तो दोश[3] से बारे-सफ़र[4] उतारेगा

ये लग रहा है सितारों की चाल से कि फ़लक[5]
कोई अज़ाब[6] मेरी ख़ाक पर उतारेगा

चमन को ज़हर से सींचा है बाग़बाँ ने फ़राज़
अजल गिरफ़्ता[7] ही कोई समर[8] उतारेगा

♦

1. प्रदान 2. पगड़ी 3. कन्धा 4. सफ़र का बोझ 5. आसमान, विधाता 6. विपदा 7. मौत को पकड़ने वाला 8. बदला, परिणाम

95.

लगी है आग पर कोई भी घर नहीं
अभी तक जलने वालों को ख़बर नहीं

अजब नक्शा है शहरे-बेअमाँ[1] का
किसी का सर किसी के दोश[2] पर नहीं

ये बेगाना-ए-रवी[3] है हमरहों में
मुसाफ़िर को मुसाफ़िर की ख़बर नहीं

हवा की सल्तनत में क्या भरोसा
चिराग़े-जाँ उधर है और इधर नहीं

परिन्दों को रिहाई मिल चुकी है
अगर हो जुरअते-परवाज़[4], पर नहीं

कोई एहसान चश्मे-यार पर नहीं
हम उसके हैं मगर उसको ख़बर नहीं

अजब नश्शा है मस्ताना-रवी[5] में
ख़याले-मंज़िल-ओ-ज़ादे-सफ़र[6] नहीं

मुहब्बत अपना-अपना तजरबा है
यहाँ फ़रहादो-मजनूँ[7] मोतबर[8] नहीं

---

1. अरक्षित शहर 2. कन्धा 3. परायापन 4. उड़ने की हिम्मत 5. मतवाली चाल 6. यात्रा के मार्ग और गन्तव्य का विचार 7. फ़रहाद और मजनूँ - दो प्रसिद्ध प्रेमी 8. भरोसे के योग्य

बहुत से ख़ूबसूरत लोग देखे
मगर ऐसा है तुझ को देख कर नहीं

फ़राज़ उसकी गली से फिर न आया
वो दीवाना सही पर दर-बदर नहीं

♦

96.

गिला[1] फ़िज़ूल था अहदे-वफ़ा[2] के होते-होते
सो चुप रहा सितमे-नारवा[3] के होते-होते

ये क़ुर्बतों[4] में अजब फ़ासले पड़े कि मुझे
है आशना[5] की तलब, आशना के होते-होते

वो हीलागर[6] हैं जो मजबूरियाँ शुमार[7] करें
चिराग़ हम ने जलाये हवा के होते-होते

न चाहने पे भी तुझ को ख़ुदा से माँग लिया
ये हाल है दिले-बेमुद्दआ[8] के होते-होते

♦

1. शिकायत 2. निष्ठा की प्रतिज्ञा 3. अनुचित अत्याचार 4. निकटताओं 5. प्रेमी 6. टाल-मटोल करने वाले 7. गिनना 8. निःस्वार्थ हृदय

97.

ग़ज़ल सुन के परेशाँ हो गये क्या
किसी के ध्यान में तुम खो गये क्या

ये बेगाना-रवी[1] पहले नहीं थी
कहो तुम भी किसी के हो गये क्या

न पुर्सिश[2] को न समझाने को आये
हमारे यार हम को रो गये क्या

अभी कुछ देर पहले तक यहीं थे
ज़माना हो गया तुम को गये क्या

किसी ताज़ा रफ़ाक़त[3] की ललक है
पुराने ज़ख़्म अच्छे हो गये क्या

पलट कर चारागर क्यों आ गये हैं
शबे-फुरक़त[4] के मारे सो गये क्या

फ़राज़ न इतरा हौसले पर
उसे भूले ज़माने हो गये क्या

♦

1. अपरिचय का व्यवहार 2. पूछ-ताछ करना 3. दोस्त 4. वियोग की रात

98. ए मेरे बेदर्द शहर

दिल सुलग उठता है अपने बामो-दर[1] को देख कर
फैलने लगती हैं जब भी शाम की परछाइयाँ
इस क़दर वीरान लम्हे इस क़दर सुनसान रुत
सोच में गुम हैं उफ़क़[2] से ता-उफ़क़[3] पिन्हाइयाँ[4]
किस लिए रौशन करूँ दीवारो-दर कोई तो हो
गुंग दीवारों में क्या हों अंजुमन आराइयाँ[5]
दूर हर शब जाग उठते हैं कई माहो-नुजूम[6]
आग भड़काती हैं संगो-ख़िश्त[7] की रानाइयाँ[8]
रास्तों से ख़्वाबगाहों तक मुसलसल मौजे-रंग[9]
जिस तरह क़ौसे-क़ज़ह[10] की टूटती अँगड़ाइयाँ
ज़ख़्मे-नज़्ज़ारा[11] लिये आँखों में चुप तकता रहा
गो मेरी नींदें भी मुझ से ले उड़ीं शहनाइयाँ

कल ज़रा सी देर चमके थे मेरे दीवारो-दर
झिलमिला उठी थीं मेरी रूह की गहराइयाँ
चन्द लम्हों के लिए लौ दे उठा था एक चिराग़
और दमक उठी थीं कुछ लम्हे मेरी तन्हाइयाँ
आज इतना शोर क्यों है ऐ मेरे बेदर्द शहर
हर नज़र मेरी तरफ़ है इस क़दर रुसवाइयाँ[12]?

♦

1. अटारी और दरवाज़ा 2. क्षितिज 3. क्षितिज तक 4. छिपाव 5. सभा की शोभा 6. चाँद-सितारे 7. पत्थर और ईंट 8. सौन्दर्य 9. रंगों की लहर 10. इन्द्रधनुष 11. दृश्य का घाव 12. अपयश

99.

अफ़ई[1] की तरह डसने लगी मौजे-नफ़स[2] भी
ऐ ज़हरे-ग़मे[3]-यार बहुत हो चुकी बस भी

ये हब्स[4] तो जलती हुई रुत से भी गिराँ[5] है
ए ठहरे हुए अब्रे-करम[6] अब तू बरस भी

आईने-ख़राबात[7] मुअत्तल[8] है जो कुछ रोज़
ऐ रिन्दे-बलानोश-ो-तही[9] जाम तरस भी

सैयादो-निगहबाने-चमन[10] पर है ये रौशन
आबाद हमीं से है नशेमन[11] भी कफ़स[12] भी

महरूमी-ए-जावेद[13] गुनहगार न कर दे
बढ़ जाती है कुछ ज़ब्ते-मुसलसल[14] से हवस[15] भी

♦

1. साँप 2. साँस की लहर 3. यार के दुख का ज़हर 4. उमस 5. भारी 6. कृपा के बादल 7. मदिरालय का नियम 8. स्थगित 9. ख़ाली प्याले को पकड़े पियक्कड़ 10. बाग़ के बहेलिये और माली 11. घोंसला 12. पिंजरा 13. स्थायी अभाव 14. लगातार संयम 15. लालच, इच्छा

100.

दिल में अब ताक़त कहाँ ख़ूनाबा-ए-अफ़शानी[1] करे
वरना ग़म वो ज़हर है पत्थर को भी पानी करे

अक़्ल वो नासेह[2] कि हरदम लग़ज़िशे-पा[3] का ख़याल
दिल वो दीवाना यही चाहे कि नादानी करे

हाँ मुझे भी हो गिला बेमेहरी-ए-हालात[4] का
तुझ को आज़ुर्दा[5] अगर मेरी परेशानी करे

ये तो एक शहरे-जुनूँ[6] है चाक-दामानो[7] यहाँ
सब के सब वहशी[8] हैं किस को कौन ज़िन्दानी[9] करे

मौसमे-गुल है मगर बेरंग है शाख़े-मिज़ाज[10]
कितना शर्मिन्दा हमें आँखों की वीरानी करे

हँसते चेहरों से दिलों के ज़ख़्म पहचानेगा कौन
तुझ से बढ़ कर ज़ुल्म अपनी ख़न्दा-पेशानी[11] करे

नासेहों[12] को कौन समझाये न समझेगा फ़राज़
वो तो सब की बात सुन ले और मनमानी करे

♦

---

1. ख़ून के आँसू बहाना 2. उपदेशक 3. पैर की लड़खड़ाहट 4. परिस्थितियों की प्रतिकूलता 5. दुखी 6. उन्माद का नगर 7. फटे हुए दामन वाले 8. जंगली 9. क़ैदी बनाना 10. स्वभाव की टहनी 11. चेहरे पर मुस्कुराहट सजाना 12. उपदेशकों

101.

दिल भी बुझा हो शाम की परछाइयाँ भी हों,
मर जाइए जो ऐसे में तन्हाइयाँ भी हों

आँखों की सुर्ख़ लहर है मौजे-सपुर्दगी[1]
ये क्या ज़रूर है कि अब अँगड़ाइयाँ भी हों

हर हुस्ने-सादालौह[2] न दिल में उतर सका
कुछ तो मिज़ाजे-यार में गहराइयाँ भी हों

दुनिया के तज़करे[3] तो तबीयत ही ले बुझे
बात उसकी हो तो फिर सुख़न-आराइयाँ[4] भी हों

पहले-पहल का इश्क़ अभी याद है फ़राज़
दिल ख़ुद ये चाहता था कि रुसवाइयाँ[5] भी हों

क़ुर्बे-जुज़[6] दाग़े-जुदाई[7] नहीं देता कुछ भी
तू नहीं है तो दिखाई नहीं देता कुछ भी

दिल के ज़ख़्मों को न रो, दोस्त का एहसान समझ
वरना वो दस्ते-हिनाई[8] नहीं देता कुछ भी

---

1. समर्पण की उमंग 2. सरल सौन्दर्य 3. चर्चाएँ 4. बातचीत की शोभा 5. बदनामियाँ 6. निकटता के अतिरिक्त 7. वियोग का दाग़ 8. मेंहदी-रँगा हाथ

क्या इसी ज़हर को तिर्याक[1] समझ कर पी लें
नासेहों[2] को तो सुझाई नहीं देता कुछ भी

ऐसा गुम हूँ तेरी यादों के बयाबानों[3] में
दिल न धड़के तो सुनाई नहीं देता कुछ भी

सोचता हूँ तो हर एक नक्श में दुनिया आबाद
देखता हूँ तो दिखाई नहीं देता कुछ भी

यूसुफ़े-शहर[4] को मिस्त्र में लाये हो फ़राज़
ज़ौक़े-आशुफ़्ता-नवाई[5] नहीं देता कुछ भी

♦

1. विषनाशक 2. उपदेशकों 3. जंगलों 4. शहर के युसुफ़ 5. व्यर्थ की बात या प्रेम की रसिकता

102.

नहीं कि नामाबरों[1] को तलाश करते हैं
हम अपने बेख़बरों को तलाश करते हैं

मुहब्बतों का भी मौसम है जब गुज़र जाये
सब अपने-अपने घरों को तलाश करते हैं

सुना है कल जिन्हें दस्तारे-इफ़्तेख़ार[2] मिली
वो आज अपने सरों को तलाश करते हैं

ये इश्क़ क्या है कि इज़हारे-आरज़ू[3] के लिए
हरीफ़[4], नौहागरों[5] को तलाश करते हैं

ये जो हम ढूँढते फिरते हैं क़त्लगाहों को
दरअसल चारागरों को तलाश करते हैं

रिहा हुए पे अजब हाल है असीरो[6] का
कि अब वो अपने परों को तलाश करते हैं

फ़राज़ दाद के क़ाबिल है जुस्तजू[7] उनकी
जो हम से दर-बदरों[8] को तलाश करते हैं

♦

1. संदेशवाहकों 2. प्रतिष्ठा की पगड़ी 3. इच्छा की अभिव्यक्ति 4. प्रतिद्वन्द्वी 5. शोक प्रकट करने वाला, विलाप करने वाला 6. कैदियों 7. खोज 8. बेठिकाना लोगों

103.

मुसाफ़िरत में भी तस्वीर घर की देखते हैं
कोई भी ख़्वाब हो ताबीर[1] घर की देखते हैं

वतन से दूर भी आज़ादियाँ नसीब किसे
क़दम कहीं भी हो ज़ंजीर घर की देखते हैं

अगरचे जिस्म की दीवार गिरने वाली है
ये सादालौह[2] कि तामीर[3] घर की देखते हैं

कोई तो ज़ख़्म उसे भूलने नहीं देता
कोई तो याद इनागीर[4], घर की देखते हैं

हम ऐसे ख़ाना-बरअन्दाज़[5], कुंजे-ग़ुरबत[6] में
जो घर नहीं तो तसावीर[7] घर की देखते हैं

बनाए दिल है किसी ख़्वाबगहे-ज़लज़ला[8] पर
सो अपनी आँखों से तक़दीर घर की देखते हैं

फ़राज़ जब कोई नामा वतन से आता है
तो हर्फ़-हर्फ़ में तस्वीर घर की देखते हैं

◆

1. स्वप्नफल 2. भोले-भाले 3. निर्माण 4. लगाम पकड़ कर रोकने वाला 5. घर को नष्ट करने वाला 6. परदेस 7. चित्र 8. भूचाल का शयनकक्ष

104.

क्यों तबीयत कहीं ठहरती नहीं
दोस्ती तो उदास करती नहीं

हम हमेशा के सैरे-चश्म[1] सही
तुझ को देखें तो आँख भरती नहीं

शबे-हिज्राँ[2] भी रोज़े-बद[3] की तरह
कट तो जाती है पर गुज़रती नहीं

शेर भी आयतों[4] से क्या कम हैं
हम पे माना वही[5] उतरती नहीं

उसकी रहमत का क्या हिसाब करें
बस हमीं से हिसाब करती नहीं

ये मुहब्बत है, सुन ज़माने सुन
इतनी आसानियों से मरती नहीं

जिस तरह तुम गुज़ारते हो फ़राज़
ज़िन्दगी इस तरह गुज़रती नहीं

♦

---

1. आँखों का तमाशा देखने वाले 2. वियोग की रात 3. मनहूस दिन 4. मन्त्र 5. दैवी आदेश

105.

लगता है कि अब चाहतें आसाँ हैं ज़्यादा
उश्शाक़[1] हैं कम, चाके-गिरेबाँ[2] हैं ज़्यादा

एक-आध कोई साहबे-दिल[3] भी है फ़िरोकश[4]
अब कूचा-ए-दिलदार[5] में दरबाँ[6] हैं ज़्यादा

जिस ताज को देखो वही कश्कोल-नुमा[7] है
अब के तो फ़क़ीरों से भी सुल्ताँ हैं ज़्यादा

हर एक को दावा है यहाँ चारागरी[8] का
अब दिल के उजड़ जाने के इम्काँ[9] हैं ज़्यादा

क्या-क्या न ग़ज़ल उसकी जुदाई में कही है
हम पर शबे-हिज्राँ[10] तेरे एहसाँ हैं ज़्यादा

लोगों ने तो जो ज़ख़्म दिये थे सो दिये थे
कुछ तेरे करम हम पे मेरी जाँ हैं ज़्यादा

मश्शाता-ए-दुनिया[11] से कहे कौन फ़राज़ अब
हम यार की ज़ुल्फ़ों से परेशान हैं ज़्यादा

♦

1. आशिक 2. फटे कपड़े वाला 3. रहम दिल 4. ठहरा हुआ 5. प्रेमी की गली 6. पहरेदार 7. भीख माँगने वाले कटोरे जैसा 8. उपचार 9. सम्भावनाएँ 10. वियोग की रात 11. दुनिया का सिंगार करने वाली

106.

हम अह्ले-दिल[1] को भी किरदार[2] क्या दिये गये हैं
कि ज़ख़्म खाते गये हैं, दुआ दिये गये हैं

हम अपनी आबला-पाई[3] पे मुनफ़इल[4] तो नहीं
जो तेज़रौ[5] थे उन्हें रास्ता दिये गये हैं

कहाँ से हौसला लाते पयम्बरों[6] जैसा
सो क्या ये कम है कि शायर बना दिये गये हैं

जहाने-इश्क़[7] से क्या दिल सा ताजदार[8] गया ?
जो शहरे-दर्द[9] के परचम[10] झुका दिये गये हैं

तो क्या कोई भी तअल्लुक नहीं रहा बाक़ी
तो क्या वो जितने दीये थे बुझा दिये गये हैं

सो शहरे-इल्म[11] का क्या हाल अब कहें कि वहाँ
मुहब्बतों के सहीफ़े[12] जला दिये गये हैं

नये ज़माने में आते रहेंगे लोग नये
हमारे नक़्शे-क़दम भी मिटा दिये गये हैं।

♦

1. दिलदारों 2. चरित्र, स्वभाव 3. पैर में फफोले पड़ना 4. लज्जित 5. तीव्रगामी 6. सन्देशवाहकों 7. प्रेम के जगत 8. मुकुटधारी 9. दर्द के शहर 10. झण्डे 11. ज्ञान के नगर 12. ग्रन्थ, पुस्तकें

107.

चलो कि कूचा-ए-दिलदार[1] चल के देखते हैं
किसे-किसे है ये आज़ार[2] चल के देखते हैं

सुना है ऐसा मसीहा कहीं से आया है
कि उस को शहर के बीमार चल के देखते हैं

हम अपने बुत को, ज़ुलेख़ा[3] लिये है यूसुफ़[4] को
है कौन रौनक़े-बाज़ार[5] चल के देखते हैं

सुना है दैरो-हरम[6] में तो वो नहीं मिलता
सो अब के उसको सरे-दार[7] चल के देखते हैं

उस एक शख़्स को देखो तो आँख भरती नहीं
उस एक शख़्स को हर बार चल के देखते हैं

वो मेरे घर का करे क़स्द[8] जब तो साये से
कई क़दम दरो-दीवार चल के देखते हैं

फ़राज़ असीर[9] है उसका कि वो फ़राज़ का है
है कौन किसका गिरफ़्तार चल के देखते हैं

♦

1. प्रेमी की गली 2. कष्ट 3. मिस्र की शहज़ादी जो यूसुफ़ से प्रेम करती थी 4. एक पैग़म्बर 5. बाज़ार की शोभा 6. मन्दिर-मस्जिद 7. फाँसी का तख़्ता 8. संकल्प 9. क़ैदी

108.

वहशतें[1] बढ़ती गयीं हिज्र[2] के आज़ार[3] के साथ
अब तो हम बात भी करते नहीं ग़मख़्वार[4] के साथ

हमने एक उम्र बसर की है ग़मे-यार के साथ
मीर दो दिन न जिये, हिज्र के आज़ार के साथ

अब तो हम घर से निकलते हैं तो रख देते हैं
ताक़ पर इज़्ज़ते-सादात[5] भी दस्तार[6] के साथ

इस क़दर ख़ौफ़ है अब शहर की गलियों में कि लोग
चाप सुनते हैं तो लग जाते हैं दीवार के साथ

एक तो ख़्वाब लिये फिरते हो गलियों-गलियों
इस पे तकरार भी करते हो ख़रीदार के साथ

शहर का शहर ही नासेह[7] हो तो क्या कीजिएगा
वर्ना हम रिन्द[8] तो भिड़ जाते हैं दो-चार के साथ

हम को इस शहर में तामीर[9] का सौदा है जहाँ
लोग मेमार[10] को चुन देते हैं दीवार के साथ

जो शरफ़[11] हम को मिला कूचा-ए-जानाँ[12] से फ़राज़
सू-ए-मक़तल[13] भी गये हैं उसी पिन्दार[14] के साथ

♦

1. पागलपन 2. वियोग 3. कष्ट 4. दुख बाँटने वाला 5. श्रेष्ठ होने की प्रतिष्ठा 6. पगड़ी 7. उपदेशक 8. पीने वाले 9. निर्माण 10. निर्माता 11. प्रतिष्ठा 12. प्रेमी की गली 13. वधस्थल का मार्ग 14. गर्व

109.

ये तबीयत है तो ख़ुद आज़ार[1] बन जायेंगे हम
चारागर[2] रोयेंगे और ग़मख़्वार[3] बन जायेंगे हम

हम सरे-चाके-वफ़ा[4] हैं और तेरा दस्ते-हुनर[5]
जो बना देगा हमें ऐ यार, बन जायेंगे हम

क्या ख़बर थी ऐ निगारे-शेर[6], तेरे इश्क़ में
दिलबराने-शहर[7] के दिलदार बन जायेंगे हम

सख़्त-जाँ हैं पर हमारी उस्तवारी[8] पर न जा
ऐसे टूटेंगे, तेरा इक़रार[9] बन जायेंगे हम

और कुछ दिन बैठने दो कू-ए-जाना में हमें
रफ़्ता-रफ़्ता[10] साया-ए-दीवार[11] बन जायेंगे हम

इस क़दर आसाँ न होगी हर किसी से दोस्ती
आशनाई[12] में तेरा मेयार[13] बन जायेंगे हम

मीर-ओ-ग़ालिब[14] क्या कि बन पाये नहीं फ़ैज़-ओ-फ़िराक़[15]
ज़ोम[16] ये था रूमी-ओ-अतार[17] बन जायेंगे हम

देखने में शाख़े-गुल[18] लगते हैं लेकिन देखना
दस्ते-गुलचीं[19] के लिए तलवार बन जायेंगे हम

हम चिराग़ों को तो तारीकी[20] से लड़ना है फ़राज़
गुल हुए पर सुबह के आसार[21] बन जायेंगे हम

♦

1. कष्ट 2. चिकित्सक 3. दुख बाँटने वाला 4. निष्ठा के त्याग के सामने 5. कौशल 6. शेर का सौन्दर्य 7. शहर के प्रेमियों 8. मज़बूती, दृढ़ता 9. स्वीकार 10. धीरे-धीरे 11. दीवार की परछाईं 12. प्रेम 13. मानदण्ड 14. मीर और ग़ालिब 15. फ़ैज़ और फ़िराक 16. गर्व 17. रूमी और अतार 18. फूल की टहनी 19. फूल तोड़ने वाले का हाथ 20. अँधेरा 21. लक्षण

110.

मलूल[1] कर हमें इतना मलूल कर जानाँ
कि हम न याद करें तुझ को भूल कर जानाँ

हैं मिस्ले-नामा-ए-बेनाम[2], दस्ते-क़ासिद[3] में
सो हम से दर-बदरों को वसूल कर जानाँ

फिर आ गये तेरे कूचे में ख़ुशनिगाह[4] तेरे
ग़मे-जहाँ[5] की सलीबों पे झूल कर जानाँ

कभी तो दस्ते-हिनाई[6] से सुर्ख़ी-ए-लब[7] से
हमारे ज़ख़्मे-तमन्ना[8] को फूल कर जानाँ

ये अहले-दर्द[9] तेरी मम्लिकत[10] में रहते हैं
सो तू ख़िराज[11] दिलों के क़बूल कर जानाँ

चलो वो तर्के-तअल्लुक[12] का फ़ैसला ही सही
सो इख़्तियार कोई तो उसूल कर जानाँ

फ़राज़ तुझ को ख़ुदावन्द मानता है, उसे
दयारे-इश्क़[13] में अपना रसूल[14] कर जानाँ

♦

---

1. उदास 2. बिना नाम के पत्र सरीखा 3. सन्देशवाहक का हाथ 4. प्रशंसा भरी दृष्टि वाला 5. जगत के दुख 6. मेंहदी-रँगे हाथ 7. होंट की लाली 8. इच्छा के घाव 9. दर्द के वासी 10. देश 11. लगान 12. सम्बन्ध-विच्छेद 13. इश्क़ के देश 14. पैग़म्बर, सँदेसिया

111. नामा-ए-जानाँ

मुद्दतों बाद मिला नामा-ए-जानाँ[1] लेकिन
न कोई दिल की हिकायत[2] न कोई प्यार की बात
न किसी हर्फ़[3] में महरूमी-ए-जाँ[4] का किस्सा
न किसी लफ़्ज़ में भूले हुए इक़रार[5] की बात
न किसी सतर[6] पे भीगे हुए काजल की लकीर
न कहीं ज़िक्र जुदाई का न दीदार[7] की बात
बस वही एक ही मज़मूँ[8], कि मेरे शहर के लोग
कैसे सहमे हुए रहते हैं घरों में अपने
इतनी बे-नाम ख़मोशी है कि दीवाने भी
कोई सौदा नहीं रखते हैं सरों में अपने
अब कफ़स[9] ही को नशेमन[10] का बदल जान लिया
अब कहाँ ताक़ते-परवाज़[11] परों में अपने

वो जो दो-चार सुबूकश[12] थे कि जिनके दम से
गर्दिशे-जाम[13] भी थी रौनके-मैख़ाना[14] भी थी
वो जो दो-चार नवागर[15] थे कि जिनके होते
हुरमते-नग़मा[16] भी थी जराते-रिन्दाना[17] भी थी
कोई मक़तल[18] कोई ज़िन्दाँ[19] कोई परदेस गया
चन्द ही थे कि रविश[20] जिनकी जुदागाना भी थी
अब तो बस बरदाफ़रोशी[21] है जिधर भी जाओ

---

1. प्रेमी का पत्र 2. कहानी 3. अक्षर 4. ज़िन्दगी की निराशा 5. स्वीकार 6. पंक्ति 7. देखना, दर्शन 8. विषय 9. बन्दीगृह 10. घोंसला 11. उड़ने की ताक़त 12. प्याला ख़ाली करने वाले, पीने वाले 13. प्याले की हलचल 14. मदिरालय की शोभा 15. गायक 16. गीत की प्रतिष्ठा 17. पीने वालों का घिघियाना 18. वधस्थल 19. बन्दीगृह 20. चाल 21. ग़ुलामों का व्यापार

अब तो हर कूचा-ब-कू[1] मिस्र का बाज़ार लगे
सरे-दरबार[2] सतादा[3] हैं बयाज़ें[4] ले कर
वो जो कुछ दोस्त कभी साहबे-किरदार[5] लगे
ग़ैरते-इश्क़[6] कि कल माले-तिजारत[7] में न थी
आज देखो कि हैं अम्बार[8] के अम्बार लगे

ऐसा आसेबज़दा[9] शहर कि देखा न सुना
ऐसी दहशत है कि पत्थर हुए सब के बाज़ू
दरो-दीवारे-ख़राबात[10] वही हैं लेकिन
न कहीं क़लक़ले-मैना[11] है न गुल-बाँगे-सबू[12]
बेदिली शेवा-ए-अरबाबे-मुहब्बत[13] ठहरा
अब कोई आये कि जाये 'तने-तनहा हू या हू'[14]

♦

1. गली-गली 2. दरबार के सामने 3. खड़े हुए 4. नोट बुकें 5. चरित्रवान 6. प्रेम का स्वाभिमान 7. बिकाऊ माल 8. ढेर 9. विपदाग्रस्त 10. मदिरालय की दीवारें और दरवाज़े 11. सुराही के छलकने की आवाज़ 12. प्याले की पुकार का शोर 13. प्रेमियों का चलन 14. अकेला, ख़ाली

112.

चाक पैराहनी-ए-गुल[1] को सबा[2] जानती है
मस्ती-ए-शौक़[4] कहाँ बन्दे-क़बा[4] जानती है

हम तो बदनामे-मुहब्बत थे सो रुस्वा ठहरे
नासेहों[5] को भी मगर ख़ल्क़े-ख़ुदा[6] जानती है

कौन ताक़ों[7] पे रहा कौन सरे-राहगुज़र[8]
शहर के सारे चिराग़ों को हवा जानती है

हवस[9] इनाम समझती है करम को तेरे
और मुहब्बत है कि एहसाँ[10] को सज़ा जानती है

♦

1. फूल के वस्त्रों का फटा होना 2. हवा 3. अभिलाषा की उमंग 4. लिबास की क़ैद 5. उपदेशकों 6. जनता 7. दीवार का आला 8. सड़क पर 9. इच्छा 10. कृपा, आभार

113.

घर में कितना सन्नाटा बाहर कितना शोर
या दुनिया दीवानी है या मेरा दिल है चोर

कभी तो आँखों के गुलज़ारों में भी आकर नाच
दिल में कौन तुझे देखेगा ऐ जंगल के मोर

यूँ फिरते गलियों में घबराये-घबराये से
जैसे इस बस्ती के साये भी हों आदमख़ोर

सोच की चिनगारी भड़का कर क्या नादानी की
उस लम्हे से ले कर अब तक आग है चारों ओर

चाक गिरेबाँ फिरना किसको ख़ुश आता है फ़राज़
हम भी उसको भूल न जायें दिल पे अगर हो ज़ोर

♦

114.

करूँ न याद, मगर किस तरह भुलाऊँ उसे
ग़ज़ल बहाना करूँ और गुनगुनाऊँ उसे

वो .ख़ार-ख़ार[1] है शाख़े-गुलाब की मानिन्द
मैं ज़ख़्म-ज़ख़्म हूँ फिर भी गले लगाऊँ उसे

ये लोग तज़करे करते हैं अपने लोगों के
मैं कैसे बात करूँ अब कहाँ से लाऊँ उसे

मगर वो ज़ूद-फ़रामोश[2] ज़ूद-रंज[3] भी है
कि रूठ जाये, अगर याद कुछ दिलाऊँ उसे

वही जो दौलते-दिल वही जो राहते-जाँ
तुम्हारी बात पर ऐ नासेहो! गवाऊँ उसे

जो हम सफ़र सरे-मंज़िल बिछड़ रहा है फ़राज़
अजब नहीं है अगर याद भी ना आऊँ उसे

◆

---

1. काँटा 2. जल्दी भुला देने वाला 3. जल्दी नाराज़ हो जाने वाला